KB112627

# 엄마 난
# 수학이 좋아요

# 엄마 난 수학이 좋아요


발행일 2023년 7월 26일

지은이 함혜성
펴낸이 손형국
펴낸곳 (주)북랩
편집인 선일영 편집 정두철, 윤용민, 배진용, 김부경, 김다빈
디자인 이현수, 김민하, 김영주, 안유경 제작 박기성, 구성우, 변성주, 배상진
마케팅 김회란, 박진관
출판등록 2004. 12. 1(제2012-000051호)
주소 서울특별시 금천구 가산디지털 1로 168, 우림라이온스밸리 B동 B113~114호, C동 B101호
홈페이지 www.book.co.kr
전화번호 (02)2026-5777 팩스 (02)3159-9637

ISBN 979-11-6836-978-8 43370 (종이책) 979-11-6836-979-5 45370 (전자책)

수학을 포기한 자녀를 수학 애호가로 바꾸는 방법

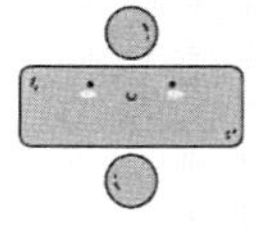

# 엄마 난 수학이 좋아요

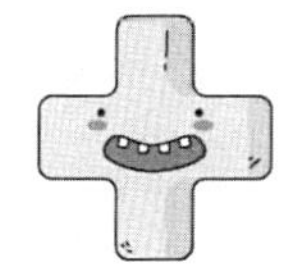

함혜성 지음

다른 과목은 포기자라는 용어가 없는데, 왜 수학에서는 '수포자'라는 용어가 버젓이 통용되는 걸까. 쉽게 만져볼 수 있는 물체를 이용해 수에 대한 개념을 확실히 정립해 주는 효과 만점의 수학교육 지침서

북랩

수학은 많은 학생들에게 인기가 있는 과목은 아닐 수 있습니다. 수학이 싫어서 포기하는 학생, 일명 수포자 비율이 점점 늘어난다는 소식은 별로 놀랍지도 않게 되어 버렸습니다. 그러나 현대 사회에서 논리성과 합리적 사고, 창의성을 기르는 데 필수적인 기본 과목이라는 데 이견이 없기에 세계 어느 나라든 자라나는 학생들에게 수학과목을 가르치고 있다고 생각합니다. 그렇다면 수학에 대해 흥미를 높이고 학생 모두가 즐겁게 참여하는 수업을 위해서는 어떻게 해야 할까요?

이 책에서는 평생을 초등교육에 몸 담으며, 특히 교사로 재직하던 시절 수학교육에 열의를 가졌던 저자가 경험과 성찰을 바탕으로 수학적 개념을 형성하는 수업과 지도하는 방안에 대해 깊이 있게 설명하고 있습니다. 이 책은 초등수학을 지도하는 교사와 예비 교사뿐만 아니라 자녀를 지도하는 학부모님들에게도 유익하고 흥미 있는 내용이 될 것이라 생각합니다. 학생이 배움의 과정에서 주도적으로 참여하고 친구들과 협력해서 수업에 임하는 모습을 상상하며, 대한민국의 교육이 더욱 선진적인 수준의 교육을 펼쳐나갈 것을 확신합니다.

서울성북강북교육지원청 교육장 **강연실**

미래 사회를 살아갈 학생들에게 수학적인 사고를 통해 문제 해결력을 기르고 논리적 추론을 할 수 있는 역량을 길러 주는 것은 우리 교육에서 가장 관심을 쏟아야 할 부분 중 하나입니다. 학생들이 서로 협력하고 한 명도 소외되지 않고 모두 즐겁게 참여하도록 수학 수업을 설계함으로써 수학적 역량을 길러 주고 잠재력을 끌어낼 뿐만 아니라 협력적 인성을 길러줄 수 있어야 합니다. 초등학교 수학교육은 학생들의 성장 단계를 고려하여 좀 더 면밀한 수업 방식이 필요한데,

이 책에서 소개되는 방식들은 초등학생들의 수학적 개념 형성을 위한 수업 방식을 다양하게 안내하고 있습니다. 수리력의 중요성이 더욱 부각하고 있는 요즘, 수학을 가르치는 선생님, 예비 선생님뿐만 아니라 학부모님들도 이 책을 통해 어린 학습자들의 수학적 사고력을 길러 주는 디딤돌을 어떻게 마련해야 할지 고민하는 기회가 되기를 바랍니다.

서울강동송파교육지원청 교육장 **배영직**

'포노사피엔스'는 포노(전화기Phone)와 사피엔스(인류) 두 개의 단어가 결합해 '스마트폰을 통해 사고하는 존재'라는 의미입니다. 요즘 신세대를 지칭하며 스마트폰을 이용해 사고하고, 행동하고 정보를 수집하고, 일상생활을 살아가는 사람입니다. 이는 단계와 수준을 뛰어 넘어 지식을 획득한다는 뜻으로 스마트폰을 사용해 필요한 지식 단 그 부분만 검색하여 수준에 관계 없이 활용한다는 것입니다, 인문학 분야나 일반 상식 개념은 충분히 가능한 이야기입니다. 그러나 수학 교과는 그리한다는 것이 어려우리라 판단됩니다. 수학 교과는 개념이 확실하게 형성되어 있지 않으면 의미를 파악하기 어렵고, 전 단계 개념을 알지 못하면 다음 단계 개념을 학습하기 어렵기 때문입니다. 이런 의미에서 이 책은 의미가 있습니다 수학의 가장 기본이 되는 초등학교 저학년에서부터 수개념, 연산개념을 조작활동으로 학생들 스스로 협력하여 개념을 터득하며 확실하게 역할을 부여하여 활동함으로써 서로에게 도움이 되는 활동으로 인성교육까지 이룰 수 있는 좋은 기본서가 되리라 확신합니다.

서울서부교육지원청 교육장 **이양순**

# 차 례

## 2부 수 개념 형성의 실제

# 머리말

"허준이 교수는 어쩌다 '수포자'가 됐나" 2022년 7월 7일 미디어 오늘의 사회면에 보도된 기사이다. 한국인 최초 수학계 노벨상을 수상한 허준이 교수에 대해 수포자로 검색되는 기사가 다음, 네이버 등 포털 한 곳당 100건에 이르렀다. 또한 연합뉴스에서는 "'수포자'가 될 뻔한 한국의 수학 천재 필즈상으로 빛나다."라는 제목으로 "늦깎이 수학 천재"의 수상 소식을 다뤘다.

이와 같이 현재 학교에서는 '수포자'라는 용어를 자주 접할 수 있다. '수포자' 비율을 조사한 자료에 의하면 초등학생은 약 20%, 중학생은 40%, 고등학생은 60%로 나타났다. 다른 과목은 포기자라는 용어가 없는데 수학에서는 포기자가 왜 생길까? 그리고 학년이 올라갈수록 더 많아질까? 이는 수학이 다른 과목과는 다른 독특한 체계를 가지고 있기 때문이다. 또한 수학의 원리와 개념은 기초부터 위로 갈수록 단계별로 난이도가 올라가기 때문이다. 즉 기초 단계의 개념 학습이 튼튼해야 다음 단계의 학습이 가능하기 때문이다. 그리하여 수학은 기초 개념을 탄탄히 익히는 것이 중요하다.

수학과 교육과정에서 개념 학습을 중시하고 많은 시간을 배정해야 하는데 대부분 단원별 1~2차시에 개념학습을 하도록 구성되어 있다. 저자는 구체적 조작 활동으로 개념을 익히는 학습 활동을 단원별 적어도 3~5차시 이상 실시하기를 권고한다. 초등학교 저학년 학생은 발달단계 특징상 구체적 조작기이다. 그래서 초등학교 저학년 학생들에게는 구체물 자료로 조작활동을 하면서 개념형성을 하도록 하는 것이 반드시 필요하다. 구체물이 아닌 형상화된 숫자나 원리로 학습하는 것은 완전한 개념 형성을 기대하기 어렵다고 할 수 있다. 그리하여 이 책에서는 구체적 조작활동으로 4명에게 역할을 확실하게 부여하여 개념 형성 활동으로 제시하였다. 이 방법이 가장 효과적이나 학습이나 학생 수 등의 여건에 따라 2명이 역할을 할 수도 있고 한 명이 1, 2, 3, 4번의 역할을 수행하면서 개념을 형성할 수도 있다. 초등 수학 교육과정 중 '수 개념', '연산개념'을 다루었으며 각 학기별 성취수준을 제시하고 교과서 순서로 이루어져 있다.

이런 수와 연산 개념을 탄탄히 학습하는 학생은 '수포자(數抛者, 수학을 포기한 사람)'가 아닌 '수호자(數好者, 수학을 좋아하는 사람)'가 되어 "난 수학이 좋아요!"라고 주장하며 '생각하는 힘을 키우는 수학의 힘'의 역량을 함양할 것이다.

# 1

# 수 개념 형성의 기초

초등학교 저학년 수학과 교육과정에서 수영역 지도 내용을 살펴보면 숫자, 읽기, 세기, 수계열, 대소비교, 일대일 대응으로 구성되어 있다. 수와 숫자를 읽고 쓴다 하여 수 개념이 형성되었다고 할 수 없다. 수교육에 있어서 수와 숫자를 읽고, 쓰고, 세어 가는 것도 중요하지만 수가 의미하는 것이 무엇이고 사물의 모양이 바뀌거나 공간적 변화가 있다 하더라도 수의 의미는 변하지 않는다는 근본적인 개념 확립이 있어야지만 수교육의 기초가 확립되었다고 할 수 있다.

# 수 개념의 의미

수 개념이 형성되었는지에 대해 진단하는 도구로 저자가 연구한 석사학위 논문「국민학교 저학년 어린이들의 수기초 개념 발달에 관한 연구」에서 실험한 내용을 바탕으로 제시하고자 한다.

Jean Piaget가 실험한 Copeland의『어린이 수학 학습 방법』(이숙례 역)에서는 수 기초 개념을 다음과 같이 제시하고 있으며 의미는 다음과 같다.

## 가. 보존성 개념

어떤 측면의 물리적 변화가 일어나고 있는 동안의 분변치로서의 구조가 유지되는 것을 말한다.

1) 가역성: 사물을 이동시켜서 또 다시 제자리로 돌려놓듯이 그 출발점으로 되돌아갈 수 있는 행위를 말한다.
2) 상보성: 한쪽에서 잃어버린 것이 다른 쪽에서 늘어나서 결국 같은 것이 된다는 것을 말한다.

## 나. 집합적 사고

초등학교 교육과정에 나오는 집합의 대상으로 집합 개념 형성에 쓰이는 사고 과정을 말한다.

1) 일대일 대응: 두 집합 '가', '나' 사이에서 '가'의 각 원소에 '나'의 단 한 개의 원소가 대응되고, '나'의 각 원소에 '가'의 단 한 개의 원소가 대응되는 짝짓기를 말한다.
2) 계열화: 여러 가지 크기의 요소를 작은 것에서 큰 것으로, 큰 것에서 작은 것으로 배열하는 순서를 말한다.

# 수 개념 형성 진단 도구

## 가. 보존성 개념

### 1) 진단 1: 가역성

가) 두 줄의 바둑돌을 같은 간격으로 놓고 어느 것이 큰 수인지 질문한다.

① ○ ○ ○ ○ ○

② ● ● ● ● ●

나) 두 줄의 바둑돌을 간격을 다르게 하여 어느 것이 큰 수인지 질문한다.

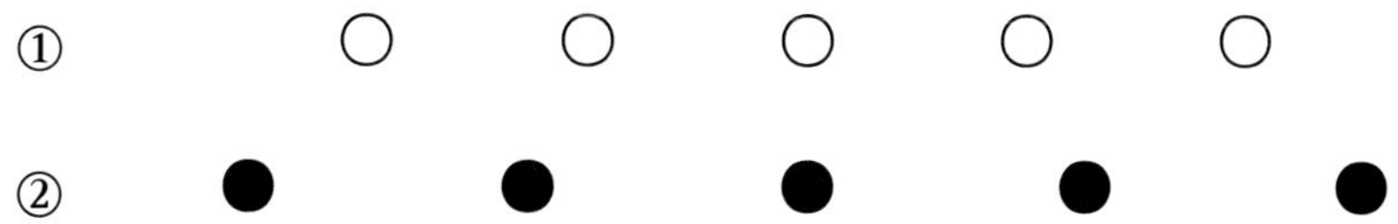

(1) 1단계(보존의 결여기): '나)'의 ②열의 바둑돌이 더 큰 수라고 답변하는 학생이 이 단계에 속한다. 넓어진 공간을 좁게 하면 원상태로 돌아올 수 있다는 가역성 개념이 형성되지 않음을 파악할 수 있다.

(2) 2단계(보존과 비보존의 갈등기): 1단계의 학생 답변을 하다가도 아닌 듯하는 반응을 보인다.

(3) 3단계(조작적인 보존기): 가역성 개념이 완전히 형성된 상태라 '가)'와 '나)'의 바둑돌이 모두 같은 수라고 답한다.

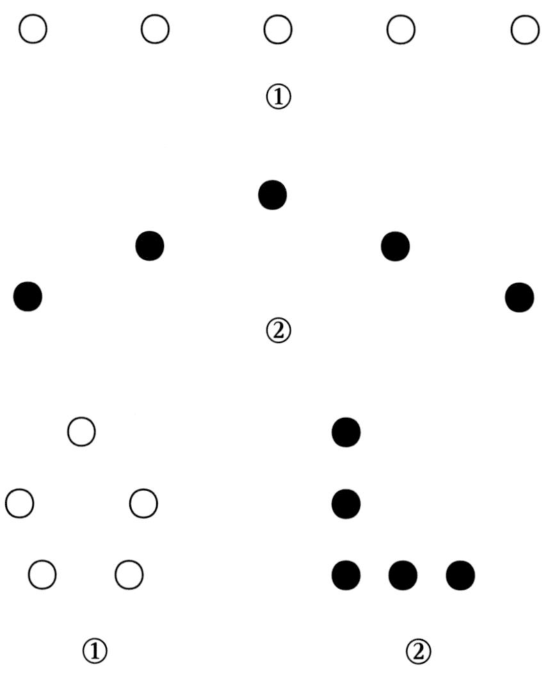

## 2) 진단 2: 상보성

가) 같은 수의 바둑돌을 넓고 낮은 그릇에 옮겨 담고 어느 것이 큰 수인지 질문한다.

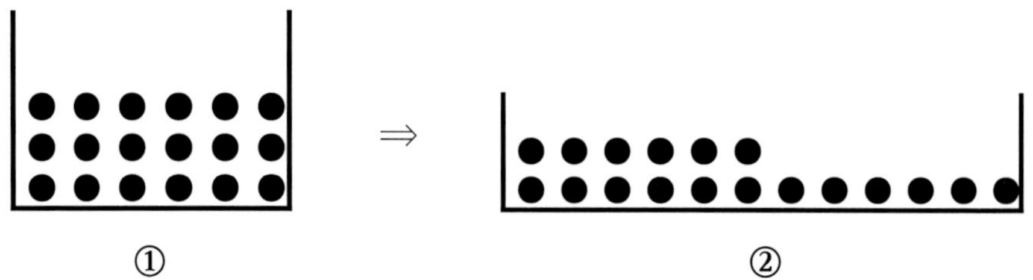

나) 같은 수의 바둑돌을 좁고 높은 그릇에 옮겨 담고 어느 것이 큰 수인지 질문한다.

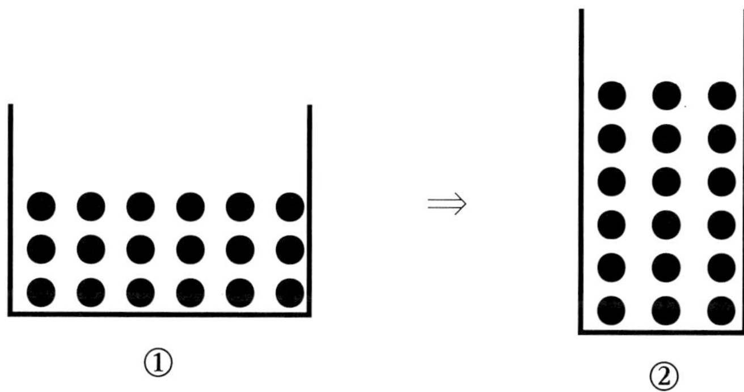


다) 같은 수의 바둑돌을 두 그릇에 나누어 담고 어느 것이 큰 수인지 질문한다.

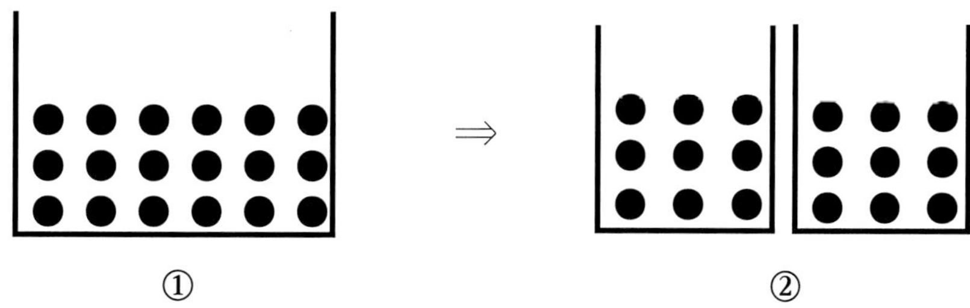


(1) 1단계(보존의 결여기): '가)'의 넓고 낮은 그릇과 '나)'의 좁고 높은 그릇의 모양과 '다)'의 두 개의 그릇에 나누어 담았음을 보고 수가 달라졌다고 답변하는 학생이 이 단계에 속한다. 밑면이 넓으면 높이가 낮고 밑면이 좁으면 높이가 깊어진다고 생각하는 것과 나누었다가 다시 합쳤을 때 같아질 수 있는 것이 상보적 사고이다. 즉, 이 단계의 학생은 아직 상보적 개념이 형성되지 않았음을 파악할 수 있다.

(2) 2단계(보존과 비보존의 갈등기): 1단계의 학생 답변을 하다가도 아닌 듯하는 반응을 보인다.

(3) 3단계(조작적인 보존기): 상보성 개념이 완전히 형성된 상태라 ①과 ②의 바둑돌이 모두 같은 수라고 답한다.

## 나. 집합적 사고

### 1) 진단 3: 일대일 대응

가) 모래시계 6개와 별 12개를 모아 놓고 모래시계와 같은 수를 집어 모래시계 옆에 별을 하나씩 놓으라 하고 어느 것이 더 많은지 질문한다.

⌛ ⌛ ⌛ ⌛ ⌛ ⌛ ☆☆☆☆☆☆☆☆☆☆☆☆

나) 나무상자 10개와 막대 20개를 모아 놓고 나무상자와 같은 수의 막대를 집어 나무상자 옆에 막대를 하나씩 놓으라 하고 어느 것이 더 많은지 질문한다.

(1) 1단계(집합 개념의 결여기): 별과 나무막대를 모두 집어 모래시계와 나무상자 옆에 늘어놓는데 심지어 줄은 더 짧게 늘어놓고 모래시계, 나무상자가 더 많다고 답변하는 학생이 이 단계에 속한다. 모래시계와 나무상자와 같은 수를 집어 짝을 짓고 그 집합을 다시 배열해도 수가 같다고 인식하는 것이 집합 개념이다. 집합 개념이 형성되지 않았음을 파악할 수 있다.

(2) 2단계(집합 개념 형성의 갈등기): 1단계의 학생 답변을 하다가도 아닌 듯하는 반응을 보인다.

(3) 3단계(집합 개념 형성기): 집합 개념이 완전히 형성된 상태라 같은 수의 별과 막대를 집어 하나씩 짝을 지어 정확하게 형성된 집합 개념으로 반응한다.

## 2) 진단 4: 계열화

가) 크기가 조금씩 차이 나는 나무막대 3개를 A와 B를 비교해 보고 B와 C를 비교한 후 A와 C의 관계에 대해 질문한다.

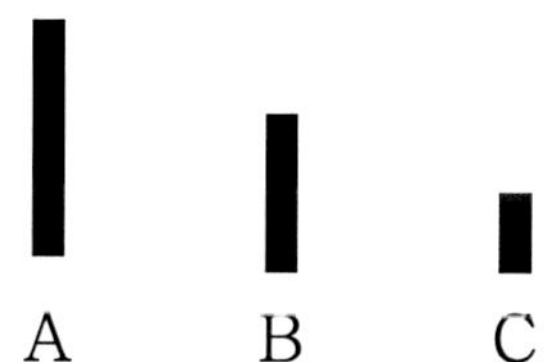


나) 크기가 조금씩 차이 나는 나무막대 10개를 섞어 놓은 후 차례대로 배열하게 하고 하나를 지적하여 몇 번째 것인지 질문하고 다시 작은 것부터 배열하게 하고 몇 개의 순서를 섞어 놓고 다섯 번째 것을 찾아보게 한다.

(1) 1단계(계열화의 결여기): '가)'에서 A와 C의 관계를 확실하게 답변하지 못하고 '나)'의 나무막대도 둘 셋의 묶음으로 각각 크기 순으로 놓는데 묶음 간의 관계를 알지 못하며 배열하는 것이 능숙하지 못하여 순서를 섞어 놓으면 찾지 못한다.

(2) 2단계(계열화 형성의 갈등기): '가)'의 A와 C의 관계는 답변할 수 있지만 '나)'의 경우처럼 크기가 분명하지 않고 개수가 많아지면 경험적으로 시행착오를 거치면서 바르게 될 때까지 계속 재배열한다. 또한 순서를 섞어 놓으면 다섯 번째 것을 찾는 것을 어려워한다.

(3) 3단계(계열화 형성기): 조작적인 방법으로 나무막대를 찾아 처음으로 가장 작은 것을 찾고 그 다음 것, 그다음 것을 찾아 크기 순으로 배열한다. 나무막대 몇 개를 섞어 놓고 질문해도 크기 순으로 배열한다.

# 수 개념 형성 단계별 특징

Piaget의 인지 발달단계 중 수 개념 형성 시기는 대개 전조작적 단계에서 구체적 조작 단계에 걸쳐 있는데 조작이란 실제 세계의 현상들을 머릿속에 넣고 그 현상들을 변형 조직하여 장차 문제 해결에 활용될 수 있도록 하는 수단을 말한다.

Piaget가 분류한 이 세 단계를 자세히 살펴보면 다음과 같다.

## 가. 제1단계(Global Comparison)

이 단계 학생의 특징은 양적인 값을 위한 수의 필요성을 느끼지 못하기 때문에 수 개념이 자세하지 못하다. 그러므로 주어진 집합을 짝지을 때 하나하나 상호 비교하지 않고 총체적인 성질을 비교(Global qualitative comparison)한다. 즉 이 단계 학생은 '계속하지 않는 양'을 마치 '계속하는 양'처럼 평가한다. 인지적 형태(Confiquration)가 변할 때에 수의 보존을 가정치 않는다. 이 단계의 특성을 Piaget는 사고의 불가역성(irreversibility)라 하였다. 즉 수를 하나하나 생각하지 못하고 총체적으로 생각하기 때문에 다시 원상태로 되돌릴 수 있다는 생각을 할 수 없다는 것이다.

## 나. 제2단계(Intuitive Correspondence)

제2단계는 수 개념 형성의 과도기로 학생들이 한 사물의 집합을 다른 사물의 집합과 짝을 지을 수는 있지만 아직 불변의 동등성 개념이 없고 그 한 집합의 사물이 좀 더 떨어지게 벌려 놓았을 때 보존 개념을 가지지 못한다. 짝짓는 작업은 시행착오의 방법이다. 이 단계 학생은 직관적 수준에서 활동하여 제 1단계의 학생보다는 조금 더 정확하고 감각적 직관에 의해 판단한다. 그러나 논리적이고 조작적인 분해와 구상을 하지 못한다. 이 단계의 특성을 Semi-Operational로 보고 있다.

## 다. 제3단계(Operational Correspondence)

이 단계 학생은 지각 수준보다는 오히려 지능적 조작 시 진행 방법이 조직적이고 철저하며 이때부터의 행동은 집합의 향상성을 포함하는 가역적 체계(Reversible system)를 구성한다. 집합 형태 변화에 관계 없이 대응할 때 길이에 있어서의 수축은 밀도의 증가에 의해 보충되는 것을 이해하고 줄의 길이. 간격의 크기는 의미를 상실하는 것이다. 이와 같이 직관적 형태에 의존하지 않고 스스로 형태를 변화시키면서 차례로 정리하고 사고하면서 자발적 조작(Operation)을 하기 시작한다.

본 연구에서 1, 2, 3학년 학생 123명을 대상으로 연구한 결과 빨리 발달하는 개념의 순서는 계열화, 일대일 대응, 상보성, 가역성의 순으로 나타났다.

이 진단은 수 개념 학습을 하면서 중간 중간할 수 있으며 진단하면서 평가 결과에 따라 학습을 더 반복할 것인지에 대한 판단을 할 수 있다.

# 수 개념 형성 교재 제작 및 활용 방법

초등학교 교육과정과 연계하여 수와 연산 개념 형성을 위한 지도 방법에 대해 살펴보고자 한다. 모둠은 4명을 기본으로 구성하며 내용에 따라 인원 수를 조정할 수 있다. 각각의 학생에게 역할을 부여하여 역할을 바꾸어가며 골고루 활동을 경험할 수 있도록 하는 것은 물론 수업에서 한 명도 소외되지 않도록 하는 것이 가장 중요하다.

이 책의 모든 활동은 수학과 교육과정 성취수준을 기준으로 학년별, 학기별로 수 개념, 연산개념 분야를 다루었다. 이 책에서는 학습목표별 활동을 교과서에서 하나씩만 제시하였는데 더 제시된 학습 내용으로 학생의 역할을 바꾸어가며 반복학습을 하면 모든 학생이 4가지 역할을 수행하면서 개념을 확실하게 형성할 수 있다. 즉 1번 → 2번, 2번 → 3번, 3번 → 4번, 4번 → 1번 학생 역할을 하여 4번 반복 활동하여 각 역할을 모두 체험하게 함으로써 불확실한 개념을 확실하게 형성할 수 있다. 또한 수학을 좋아하는 학생이 배움이 느린 학생을 자연스럽게 도와줄 수 있는 협력 학습으로 수행하면 자연스럽게 인성교육에도 도움이 된다. 모둠에서 각 학생의 역할은 주로 1번 학생은 학습 내용을 제시하고, 2번, 3번은 학생은 구체적 조작활동으로 개념이 형성될 수 있도록 하며, 4번 학생이 이를 바탕으로 답을 구하도록 한다. 첫 활동을 참고하여 학생들이 역할을 할 수 있도록 모둠을 구성하면 활동이 효과적으로 이루어질 수 있다.

4명이 역할을 달리하여 활동하는 것이 가장 효과적이나 학급, 학생 수 여건에 따라 2명이 활동 할 수도 있고 한 명이 학생번호 순서 대로 활동 할 수도 있다. 활동 순서는 학생 번호 순서대로 활동하는 것이 좋다. 그러나 활동 결과에서 1번 학생 옆에 4번이 위치한 것은 편집상의 편리성 때문이다.

모둠활동 시 보드판을 사용한다. 이 보드판은 요즘 학교에서 많이 사용하는 미니화이트 보드판을 사용하거나 A4 크기 색도화지를 코팅하여 사용할 수 있다. 글씨를 쓸 때에는 보드마커, 지우개를 사용할 수 있다.

학습자료는 수 개념 형성 과정에서는 수모형, 산가지, 지폐 및 동전 모형, 수카드(기수카드, 순서수카드)를 사용한다. 큰 수에서는 '일', '십', '백', '천' 기수카드 뒤에 '만', '억', '조' 기수카드를 올려 놓아 겹쳐 사용한다. 수모형은 시중에 판매되고 있는 것을 사용하거나 폼포드를 잘라 사용하거나 바둑돌을 사용할 수 있다. 지폐 및 동전 모형, 수카드는 색종이로 출력하여 코팅하여 사용하면 좋다. 산가지 또한 시중에 판매되는 것이나 나무젓가락 등을 활용할 수 있다. 분수모형은 1모형을 기준으로 단위분수로 잘라 사용하는데 단위 분수별로 색을 달리하여 사용하면 시각적 효과가 있어 효율적이다. 분수모형도 폼포드를 잘라 사용하거나 색종이로 코팅하여 잘라 사용할 수 있다. 학생 1인당 1세트를 만들어 뒷면에 이름을 써서 다른 학생 것과 구분하여 활용하면 구체적 조작기의 초등학생의 수 개념 형성에 매우 효과적이다.

곱셈구구 가로판, 세로판, 수판(백판)은 출력하여 폼포드에 붙여 사용할 수 있고 곱셈 일의자리 규칙판도 출력하여 폼포드에 붙여 숫자 위에 장구 핀을 꽂고 0 숫자 위 장구핀에 색테이프를 묶어 사용한다.

# 수 개념 형성 자료

## 가. 수모형

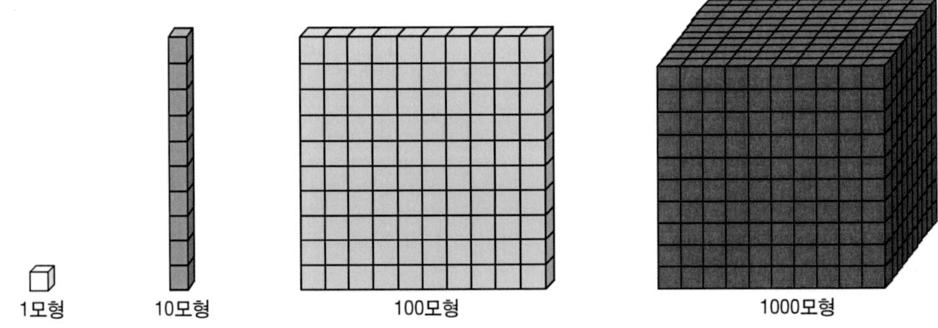


## 나. 산가지

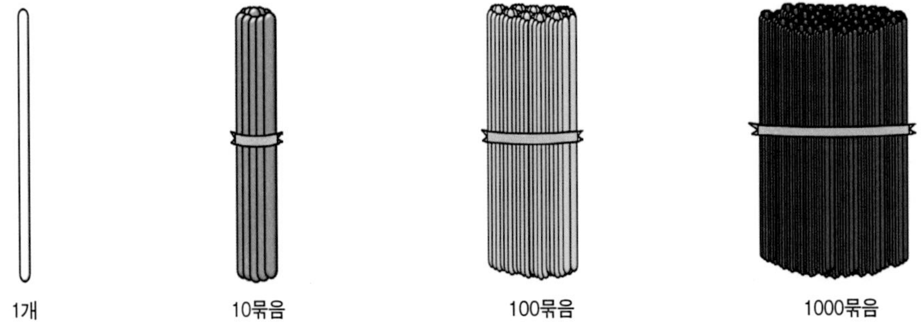

## 다. 수카드

### 1) 수카드

| 0 | 1 | 2 | 3 | 4 | 5 | 6 | 7 | 8 | 9 |
|---|---|---|---|---|---|---|---|---|---|

| 10 | 20 | 30 | 40 | 50 |
|---|---|---|---|---|
| 60 | 70 | 80 | 90 | |

| 100 | 200 | 300 |
|---|---|---|
| 400 | 500 | 600 |
| 700 | 800 | 900 |

| 1000 | 2000 | 3000 |
|---|---|---|
| 4000 | 5000 | 6000 |
| 7000 | 8000 | 9000 |

| 10000 | 20000 | 30000 |
|---|---|---|
| 40000 | 50000 | 60000 |
| 70000 | 80000 | 90000 |

| 1 | 0 | 0 | 0 | 0 | 0 | 0 | 0 | 0 |
|---|---|---|---|---|---|---|---|---|

| 1 | 0 | 0 | 0 | 0 | 0 | 0 | 0 | 0 | 0 | 0 | 0 | 0 |
|---|---|---|---|---|---|---|---|---|---|---|---|---|

### 2) 기수카드

| 일 | 이 | 삼 | 사 | 오 | 육 | 칠 | 팔 | 구 |
|---|---|---|---|---|---|---|---|---|

| 십 | 이 십 | 삼 십 | 사 십 | 오 십 |
|---|---|---|---|---|
| 육 십 | 칠 십 | 팔 십 | 구 십 | |

| 백 | 이 백 | 삼 백 |
|---|---|---|
| 사 백 | 오 백 | 육 백 |
| 칠 백 | 팔 백 | 구 백 |

| 천 | 이 천 | 삼 천 |
|---|---|---|
| 사 천 | 오 천 | 육 천 |
| 칠 천 | 팔 천 | 구 천 |

| 만 | 이 만 | 삼 만 |
|---|---|---|
| 사 만 | 오 만 | 육 만 |
| 칠 만 | 팔 만 | 구 만 |

| 억 | | | | | | | | |
|---|---|---|---|---|---|---|---|---|

| 조 | | | | | | | | | | | | |
|---|---|---|---|---|---|---|---|---|---|---|---|---|

### 3) 순서수카드

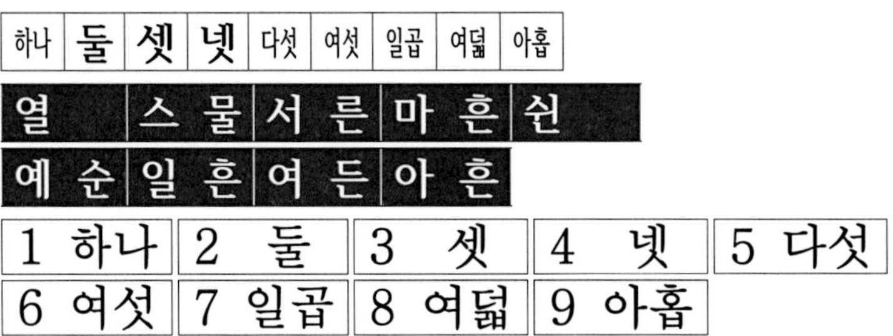


## 라. 지폐 및 동전 모형

10,000원 1,000원 100원 10원 1원

## 마. 곱셈 지도 자료

곱셈 구구 가로표

| | | | | | | | | |
|---|---|---|---|---|---|---|---|---|
| 1×1=1 | 1×2=2 | 1×3=3 | 1×4=4 | 1×5=5 | 1×6=6 | 1×7=7 | 1×8=8 | 1×9=9 |
| 2×1=2 | 2×2=4 | 2×3=6 | 2×4=8 | 2×5=10 | 2×6=12 | 2×7=14 | 2×8=16 | 2×9=18 |
| 3×1=3 | 3×2=6 | 3×3=9 | 3×4=12 | 3×5=15 | 3×6=18 | 3×7=21 | 3×8=24 | 3×9=27 |
| 4×1=4 | 4×2=8 | 4×3=12 | 4×4=16 | 4×5=20 | 4×6=24 | 4×7=28 | 4×8=32 | 4×9=36 |
| 5×1=5 | 5×2=10 | 5×3=15 | 5×4=20 | 5×5=25 | 5×6=30 | 5×7=35 | 5×8=40 | 5×9=45 |
| 6×1=6 | 6×2=12 | 6×3=18 | 6×4=24 | 6×5=30 | 6×6=36 | 6×7=42 | 6×8=48 | 6×9=54 |
| 7×1=7 | 7×2=14 | 7×3=21 | 7×4=28 | 7×5=35 | 7×6=42 | 7×7=49 | 7×8=56 | 7×9=63 |
| 8×1=8 | 8×2=16 | 8×3=24 | 8×4=32 | 8×5=40 | 8×6=48 | 8×7=56 | 8×8=64 | 8×9=72 |
| 9×1=9 | 9×2=18 | 9×3=27 | 9×4=36 | 9×5=45 | 9×6=54 | 9×7=63 | 9×8=72 | 9×9=81 |

## 곱셈 구구 세로표

| 1×1=1 | 1×2=2 | 1×3=3 | 1×4=4 | 1×5=5 |
|---|---|---|---|---|
| 2×1=2 | 2×2=4 | 2×3=6 | 2×4=8 | 2×5=10 |
| 3×1=3 | 3×2=6 | 3×3=9 | 3×4=12 | 3×5=15 |
| 4×1=4 | 4×2=8 | 4×3=12 | 4×4=16 | 4×5=20 |
| 5×1=5 | 5×2=10 | 5×3=15 | 5×4=20 | 5×5=25 |
| 6×1=6 | 6×2=12 | 6×3=18 | 6×4=24 | 6×5=30 |
| 7×1=7 | 7×2=14 | 7×3=21 | 7×4=28 | 7×5=35 |
| 8×1=8 | 8×2=16 | 8×3=24 | 8×4=32 | 8×5=40 |
| 9×1=9 | 9×2=18 | 9×3=27 | 9×4=36 | 9×5=45 |

| 1×6=6 | 1×7=7 | 1×8=8 | 1×9=9 |
|---|---|---|---|
| 2×6=12 | 2×7=14 | 2×8=16 | 2×9=18 |
| 3×6=18 | 3×7=21 | 3×8=24 | 3×9=27 |
| 4×6=24 | 4×7=28 | 4×8=32 | 4×9=36 |
| 5×6=30 | 5×7=35 | 5×8=40 | 5×9=45 |
| 6×6=36 | 6×7=42 | 6×8=48 | 6×9=54 |
| 7×6=42 | 7×7=49 | 7×8=56 | 7×9=63 |
| 8×6=48 | 8×7=56 | 8×8=64 | 8×9=72 |
| 9×6=54 | 9×7=63 | 9×8=72 | 9×9=81 |

## 수 판(백 판)

| 1 | 2 | 3 | 4 | 5 | 6 | 7 | 8 | 9 | 10 |
|---|---|---|---|---|---|---|---|---|---|
| 11 | 12 | 13 | 14 | 15 | 16 | 17 | 18 | 19 | 20 |
| 21 | 22 | 23 | 24 | 25 | 26 | 27 | 28 | 29 | 30 |
| 31 | 32 | 33 | 34 | 35 | 36 | 37 | 38 | 39 | 40 |
| 41 | 42 | 43 | 44 | 45 | 46 | 47 | 48 | 49 | 50 |
| 51 | 52 | 53 | 54 | 55 | 56 | 57 | 58 | 59 | 60 |
| 61 | 62 | 63 | 64 | 65 | 66 | 67 | 68 | 69 | 70 |
| 71 | 72 | 73 | 74 | 75 | 76 | 77 | 78 | 79 | 80 |
| 81 | 82 | 83 | 84 | 85 | 86 | 87 | 88 | 89 | 90 |
| 91 | 92 | 93 | 94 | 95 | 96 | 97 | 98 | 99 | 100 |

곱셈 일의 자리 규칙 시각 자료

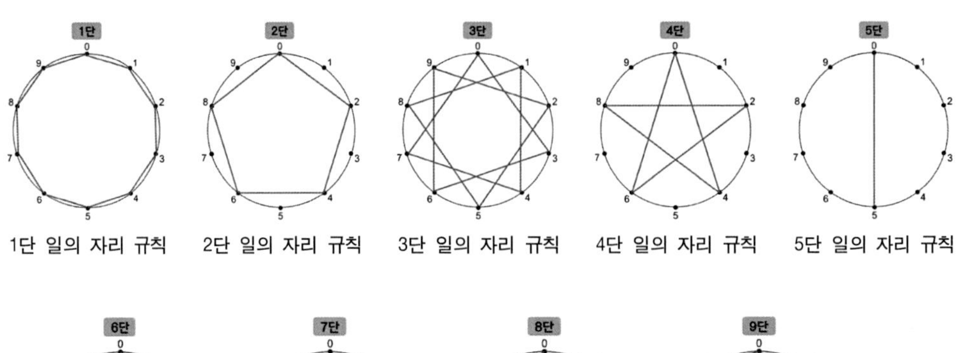

1단 일의 자리 규칙 2단 일의 자리 규칙 3단 일의 자리 규칙 4단 일의 자리 규칙 5단 일의 자리 규칙

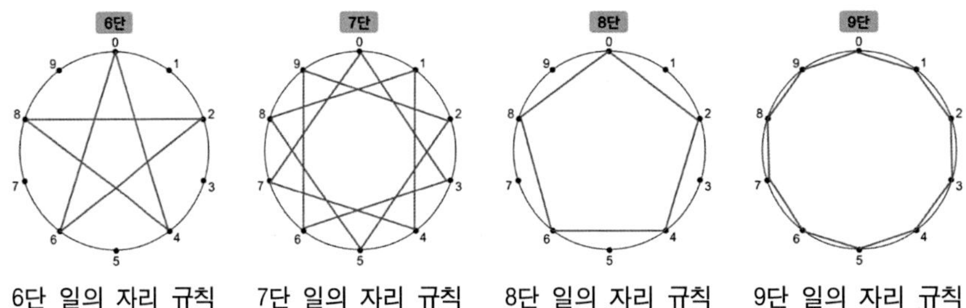

6단 일의 자리 규칙 7단 일의 자리 규칙 8단 일의 자리 규칙 9단 일의 자리 규칙

## 바. 분수모형 (1~$\frac{1}{10}$)

1 $\frac{1}{2}$

$\frac{1}{3}$
$\frac{1}{5}$

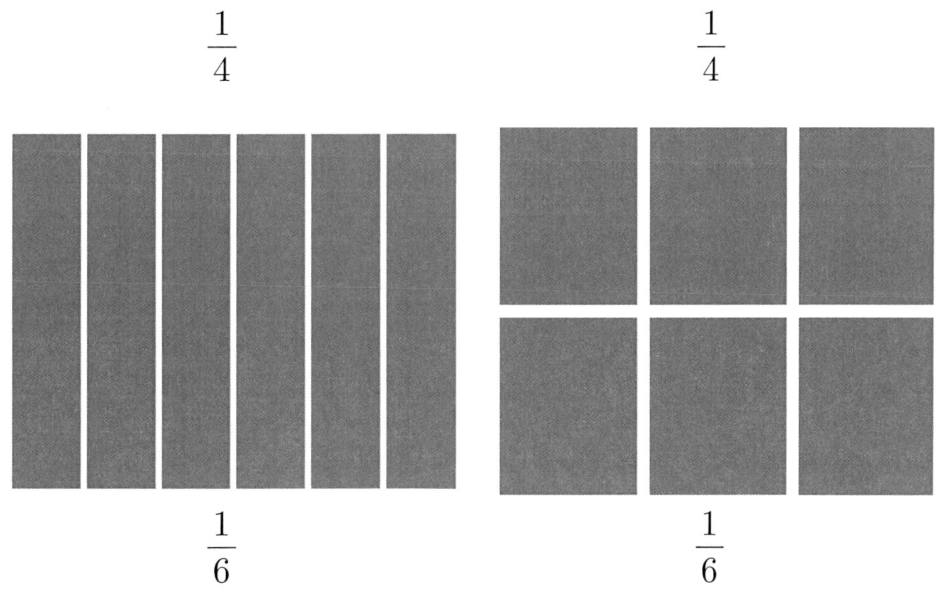
$\frac{1}{4}$
$\frac{1}{4}$
$\frac{1}{6}$
$\frac{1}{6}$

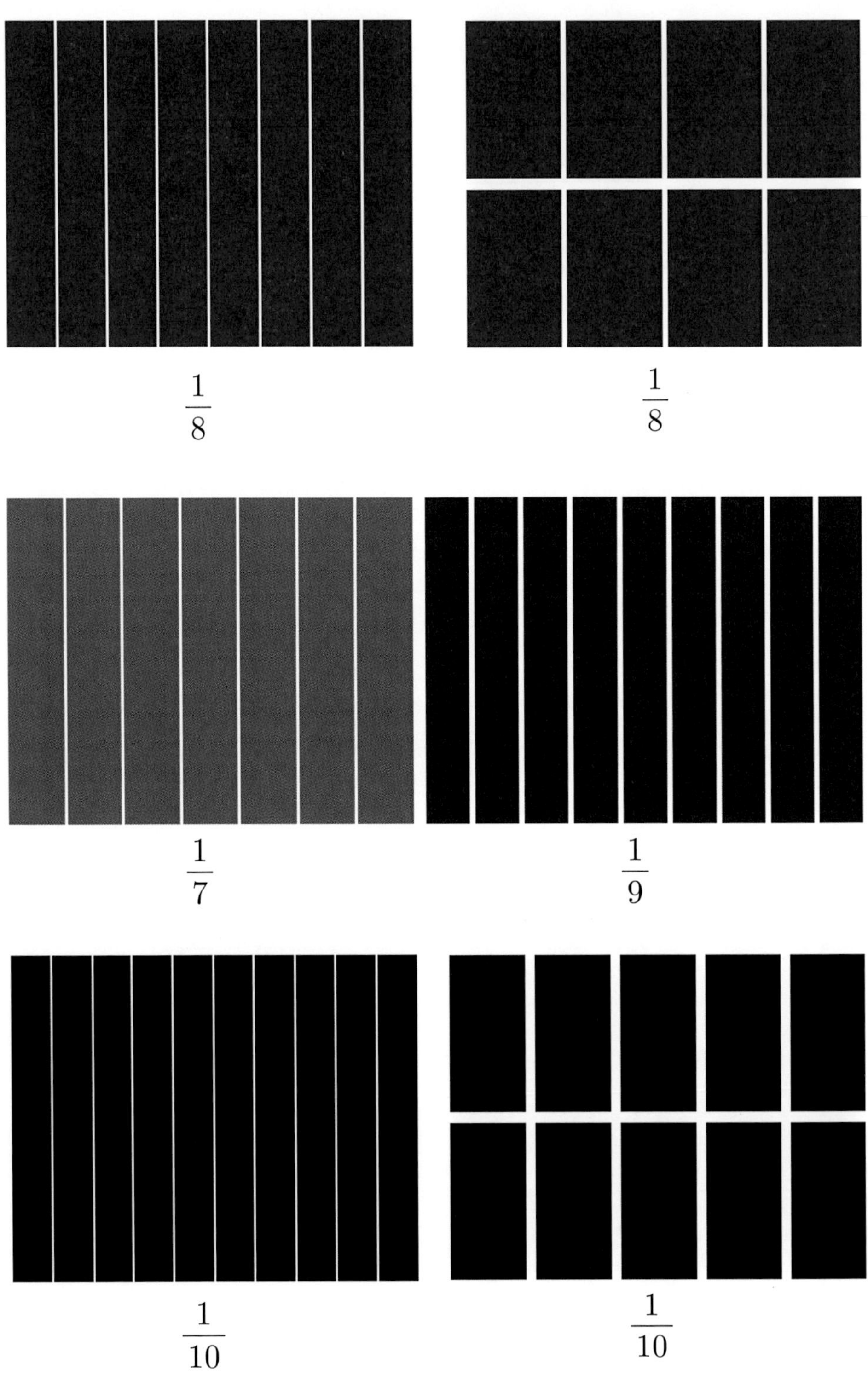
$\frac{1}{8}$
$\frac{1}{8}$
$\frac{1}{7}$
$\frac{1}{9}$
$\frac{1}{10}$
$\frac{1}{10}$

# 수 개념 형성의 실제

# 수 개념

## 가. 성취기준별 활동 내용 (1학년 1학기)

| 학년 | 학기 | 단원 | 단원명 | 성취기준 |
|---|---|---|---|---|
| 1 | 1 | 1 | 9까지의 수 | [2수 01 - 01]<br>0과 100까지의 수 개념을 이해하고, 수를 세고 쓸 수 있다. |
| | | | | [2수 01 - 03]<br>네 자리 이하의 수의 범위에서 수의 계열을 이해하고, 수의 크기를 비교할 수 있다. |

### 1) 9까지의 수 (교과서 10~17쪽)

가) 활동 내용

❶ 기수카드 '오' 1번 보드판에 놓는다.

❷ 수카드 '5'를 2번 보드판에 놓는다.

❸ 수모형 5개를 3번 보드판에 놓는다.

❹ 산가지 5개를 4번 보드판에 놓는다.

나) 활동 결과

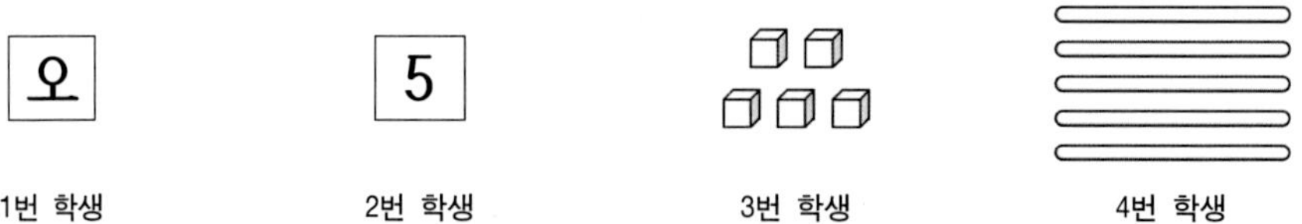

## 2) 9까지의 순서수 (교과서 18~19쪽)

가) 활동 내용

❶ 순서수카드 '넷' 1번 보드판에 놓는다.

❷ 수카드 '4'를 2번 보드판에 놓는다.

❸ 수모형 네 개를 3번 보드판에 놓는다.

❹ 산가지 네 개를 4번 보드판에 놓는다.

나) 활동 결과

## 3) 계열화 개념 1 (교과서 18~21쪽)

가) 준비물: 크기가 다른 막대 3개

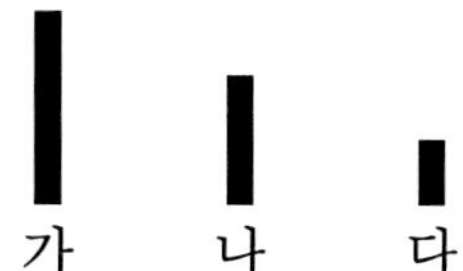


나) 활동 내용

❶ '가'와 '나' 막대를 집어 2번 학생에게 준다.

❷ '가'와 '나' 크기를 비교하고 더 큰 것을 말한다.

❶ '나'와 '다' 막대를 집어 3번 학생에게 준다.

❸ '나'와 '다' 크기를 비교하고 더 큰 것이 어느 것인지 말한다.

❶ 4번 학생에게 '가'와 '다' 크기 중 어느 것이 더 큰 것인지를 질문한다.

❹ 크다고 생각하는 것을 4번 보드판에 쓴다.

## 4) 계열화 개념 2 (교과서 18~21쪽)

가) 준비물: 크기가 다른 막대 10개

나) 활동 내용

❶ 10개의 막대를 크기 순으로 배열한다. 2번 학생에게 '셋' 외치고 해당 막대를 가리키게 한다.

❷ 세 번째 막대를 가리킨다.

❸ 2, 4번째 막대를 바꾸어 놓고 '넷' 외치고 4번 학생에게 해당 막대를 가리키게 한다.

❹ 네 번째 막대를 가리킨다.

## 5) 계열화 개념 3 (교과서 18~21쪽)

가) 준비물: 수카드, 순서수카드 2셋트

| 1 하나 | 2 둘 | 3 셋 | 4 넷 | 5 다섯 |
|---|---|---|---|---|
| 6 여섯 | 7 일곱 | 8 여덟 | 9 아홉 | |

나) 준비물 배부

| 1번 | 수카드 1(하나)~9(아홉) 1셋트 |
|---|---|
| 2번~10번 | 수카드 한 개씩 (2번 - 1(하나), 3번 - 2(둘), 4번 - 3(셋), ……, 10번 - 9(아홉)) |

다) 활동 내용

❶ 수카드 9개를 갖고 앞이나 옆으로 선다.

❷ 순서에 맞게 일렬로 줄을 서 해당 카드를 다른 사람들이 볼 수 있게 든다.

❶ [6 여섯] 수카드를 높이 들고 "여섯 번째 학생 앉아." 외친다.

❻ 자기 이름("김예준")을 외치고 같은 수카드를 높이 들고 앉는다.

❶ [7 일곱] 수카드를 높이 들고 "일곱 번째 학생 손들어." 외친다.

❼ 자기 이름("김경호")을 외치고 같은 수카드를 높이 들고 손든다.

## 6) 두 수의 크기 비교 (교과서 26~27쪽)

### 가) 활동 내용

❶ '5와 3의 크기를 비교하세요.'를 1번 보드판에 쓴다. (또는 말한다)

❷ 수모형 5개를 2번 보드판에 놓는다.

❸ 산가지 3개를 3번 보드판에 놓는다.

❹ 2번, 3번 보드판의 수모형, 산가지를 세고 '5가 3보다 큽니다'를 4번 보드판에 적는다. (또는 말한다)

### 나) 활동 결과

5와 3의 크기를 비교하세요.

1번 학생

5가 3보다 큽니다.

4번 학생

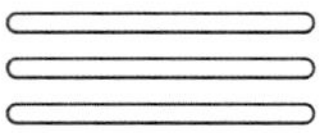

2번 학생

3번 학생

## 나. 성취기준별 활동 내용 (1학년 2학기)

| 학년 | 학기 | 단원 | 단원명 | 성취기준 |
|---|---|---|---|---|
| 1 | 2 | 1 | 100까지의 수 | [2수 01 - 01]<br>0과 100까지의 수 개념을 이해하고, 수를 세고 읽고 쓸 수 있다. |
| | | | | [2수 01 - 02]<br>일, 십, 백, 천의 자릿값과 위치적 기수법을 이해하고, 네 자리 이하의 수를 읽고 쓸 수 있다. |
| | | | | [2수 01 - 03]<br>네 자리 이하의 수의 범위에서 수의 계열을 이해하고, 수의 크기를 비교할 수 있다. |

100까지의 수 개념에서는 수가 일정 부분 모이면 묶어 세는 것이 편리하다는 것을 스스로 찾아낼 수 있도록 한다. 그래서 산가지와 고무줄, 수모형, 바둑돌을 사용할 경우는 주머니를 이용해서 10개가 모이면 묶거나 주머니에 넣는 것이 편리함을 스스로 찾아낼 수 있는 활동을 하여 묶음 수를 통해 진법을 이해하도록 한다. 이는 고학년이 되어 2진법, 5진법 등을 이해하는 데 도움이 될 수 있다.

### 1) 10진법 (교과서 10~13쪽)

#### 가) 활동 내용

❶ 기수카드 '십' 1번 보드판에 놓는다.

❷ 수카드 '10' 2번 보드판에 놓는다.

❸ 수모형 10개를 3번 보드판에 놓는다.

❹ 산가지 10개 4번 보드판에 놓는다.

#### 나) 활동 결과

1번 학생 2번 학생 3번 학생 4번 학생

다) 활동의 유의점

- 활동하며 느낀 점을 브레인스토밍으로 각자 이야기하도록 하여 좀 더 편리하게 할 수 있는 방법을 찾도록 하여 묶음이 편하고 이를 바탕으로 십진법의 기초를 깨닫게 한다.
- 수모형은 10개씩 주머니에 넣고 산가지는 10개씩 고무줄로 묶어 위의 방법으로 반복 활동하고 묶었을 때와 묶지 않았을 때 다른 점을 토의하여 묶었을 때 편리한 점을 토의한다.
- 십의 자리 숫자 '1', '2', '3', '4'는 묶음의 갯수를 의미하여 '10', '20', '30', '40'개임을 깨닫게 한다. 이는 수카드를 10, 20, 30, 40으로 만들어 일의 자리 수카드 길이의 두 배로 만들어 시각적으로도 확인할 수 있다.
- 활동을 반복하여 기수카드 대신 순서수카드로 바꾸어 활동할 수 있으며 순서수카드, 기수카드, 수카드 3종과 구체물 한 종으로도 활동할 수 있다.
- 이 활동은 묶음이 편하다는 것을 발견하도록 하여 십진법을 이해할 수 있다.

## 2) 90까지 수 (교과서 10~13쪽)

가) 활동 내용

❶ 기수카드 '이십' 1번 보드판에 놓는다.
❷ 수카드 '20' 2번 보드판에 놓는다.
❸ 수모형 10모형 2개를 3번 보드판에 놓는다.
❹ 산가지 10묶음 2묶음을 4번 보드판에 놓는다.

나) 활동 결과

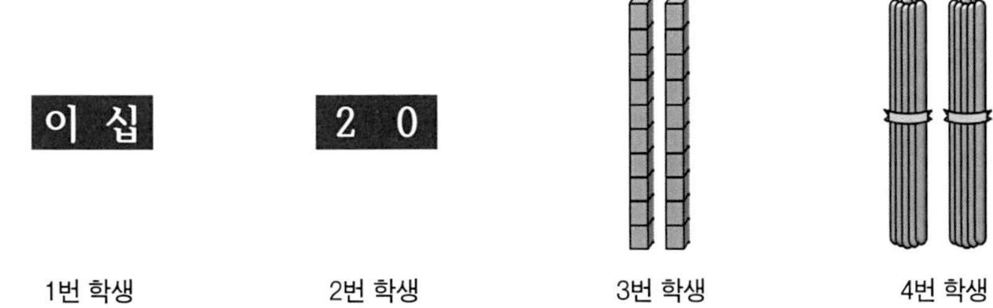


1번 학생 2번 학생 3번 학생 4번 학생

## 3) 99까지 수 1 (교과서 14~19쪽)

### 가) 활동 내용

❶ 기수카드 '삼십 사' 1번 보드판에 놓는다.
(기수카드(삼십)의 일의 자리 수('십') 위에 일의 자리 수카드('사')를 얹어 놓는다.)

❷ 수카드 '34' 2번 보드판에 놓는다.
(기수카드(30)의 일의 자리 수('0') 위에 일의 자리 수카드('4')를 얹어 놓는다.)

❸ 수모형 10모형 3개, 낱개 모형 4개를 3번 보드판에 놓는다.

❹ 산가지 10묶음 3묶음, 낱개 4개를 4번 보드판에 놓는다.

### 나) 활동 결과

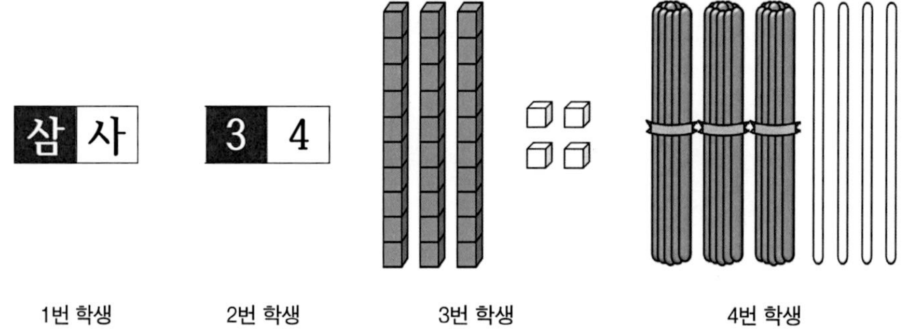


## 4) 99까지 수 2 (교과서 14~19쪽)

### 가) 활동 내용

❶ 순서수 카드 '마흔 넷' 1번 보드판에 놓는다.

❷ 수카드 '44' 2번 보드판에 놓는다.

❸ 수모형 10모형 4개, 낱개모형 4개를 3번 보드판에 놓는다.

❹ 산가지 10묶음 4묶음, 낱개 4개를 4번 보드판에 놓는다.

나) 활동 결과

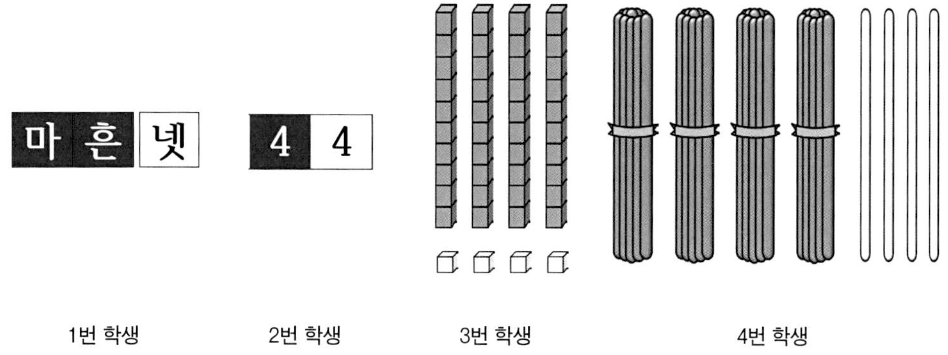


## 다. 성취기준별 활동 내용 (2학년 1학기)

| 학년 | 학기 | 단원 | 단원명 | 성취기준 |
|---|---|---|---|---|
| 2 | 1 | 1 | 세 자리의 수 | [2수 01 - 02]<br>일, 십, 백, 천이 자릿값과 위치적 기수법을 이해하고, 네 자리 이하의 수를 읽고 쓸 수 있다. |
| | | | | [2수 01 - 03]<br>네 자리 이하의 수의 범위에서 수의 계열을 이해하고, 수의 크기를 비교할 수 있다. |

100까지의 수 개념에서 수가 일정 부분 모이면 묶어 세는 것이 편리하다는 학습을 한 상태이므로 10묶음이 10묶음 모이면 다시 묶어 100묶음으로 만들어 십진법의 원리를 스스로 찾아낼 수 있도록 한다. 그래서 산가지는 10묶음일 때 고무줄로 묶고 10묶음이 다시 모이면 큰 고무줄을 이용해 묶는 활동으로 십진법의 원리를 이해하도록 한다.

### 1) 90보다 10큰 수 (교과서 10~11쪽)

가) 활동 내용

❶ '90보다 10 큰 수는?' 1번 보드판에 쓴다.

❷ 기수카드 '백', 수카드 '100' 2번 보드판에 놓는다.

❸ 수모형 10모형 10개를 놓고 100모형 1개와 교환하여 3번 보드판에 놓는다.

❹ 산가지 10묶음 10묶음을 놓고 100묶음 1묶음과 교환하여 4번 보드판에 놓는다.

나) 활동 결과

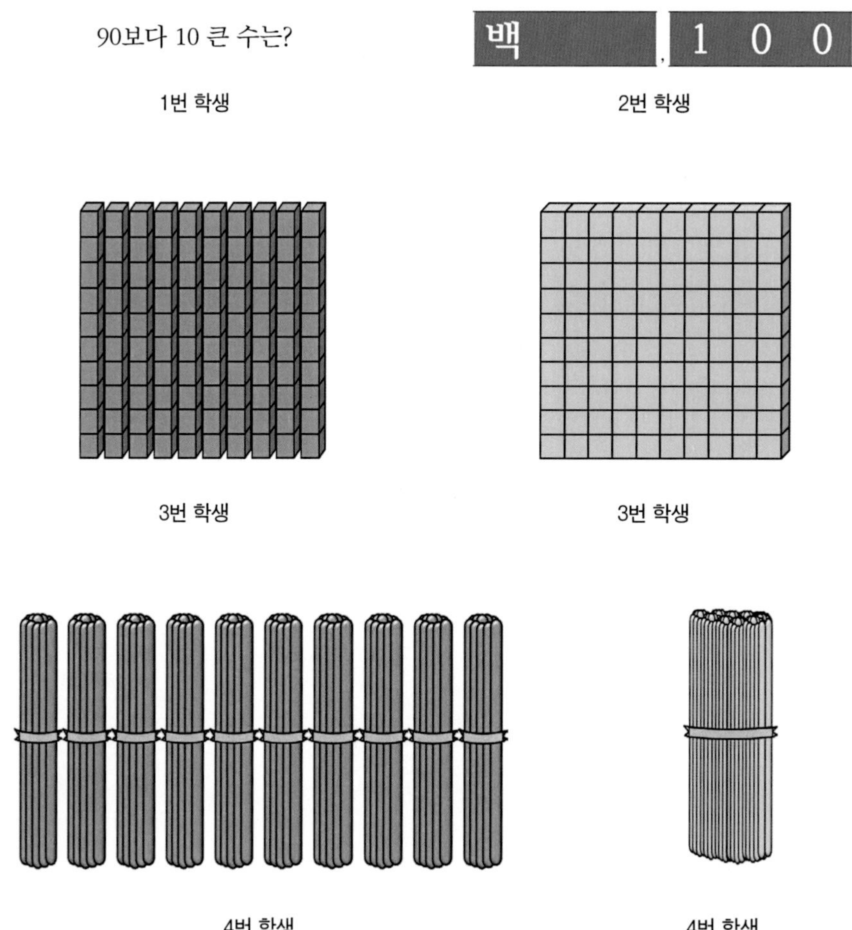


## 2) 999까지 수 1 (교과서 12~13쪽)

가) 활동 내용

❶ 기수카드 '이백' 1번 보드판에 놓는다.

❷ 수카드 '200' 2번 보드판에 놓는다.

❸ 수모형 100모형 2개를 3번 보드판에 놓는다.

❹ 산가지 100묶음 2묶음을 4번 보드판에 놓는다.

나) 활동 결과

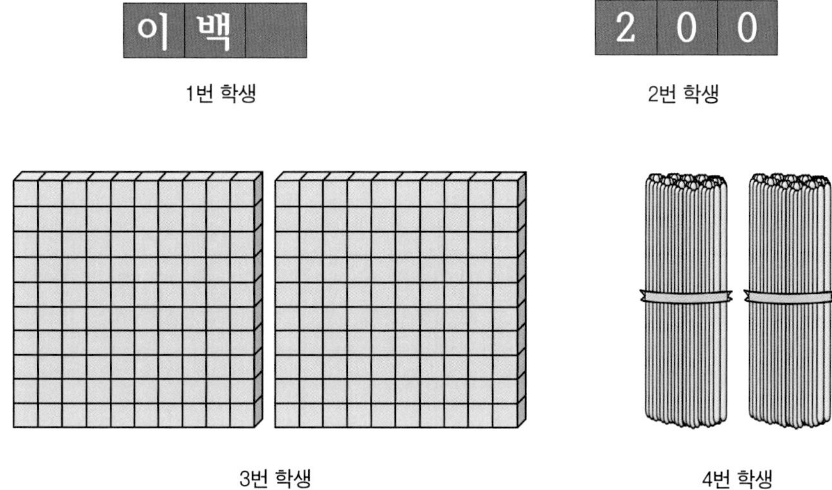


1번 학생 2번 학생

3번 학생 4번 학생

### 3) 999까지 수 2 (교과서 14~15쪽)

가) 활동 내용

❶ 기수카드 '삼백 삼십' 1번 보드판에 놓는다.

❷ 수카드 '330' 2번 보드판에 놓는다.

❸ 수모형 100모형 3개, 10모형 3개를 3번 보드판에 놓는다.

❹ 산가지 100묶음 3묶음, 10묶음 3묶음을 4번 보드판에 놓는다.

나) 활동 결과

1번 학생 2번 학생

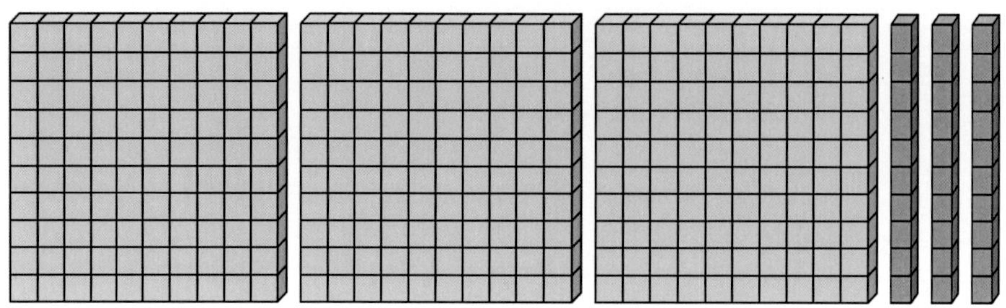

3번 학생

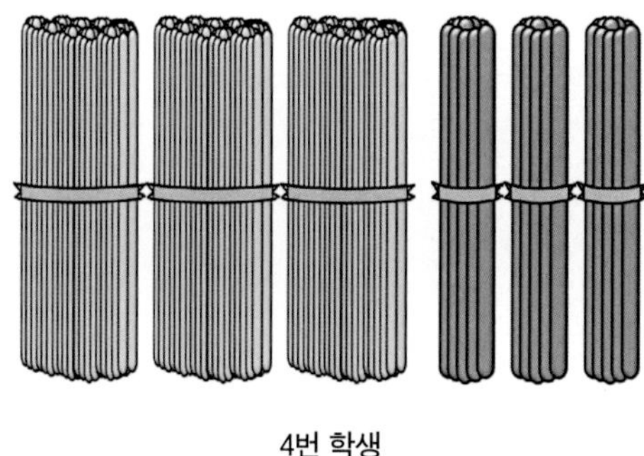

4번 학생

## 4) 999까지 수 3 (교과서 14~17쪽)

가) 활동 내용

❶ 기수카드 '백십일' 1번 보드판에 놓는다.

❷ 수카드 '111' 2번 보드판에 놓는다.

❸ 수모형 100모형 1개, 10모형 1개, 낱개 1개를 3번 보드판에 놓는다.

❹ 산가지 100묶음 1묶음, 10묶음 1묶음, 낱개 1개를 4번 보드판에 놓는다.

나) 활동 결과

1번 학생

2번 학생

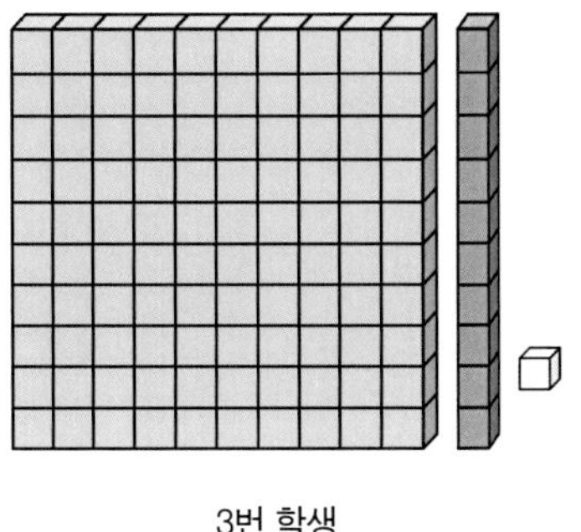

3번 학생

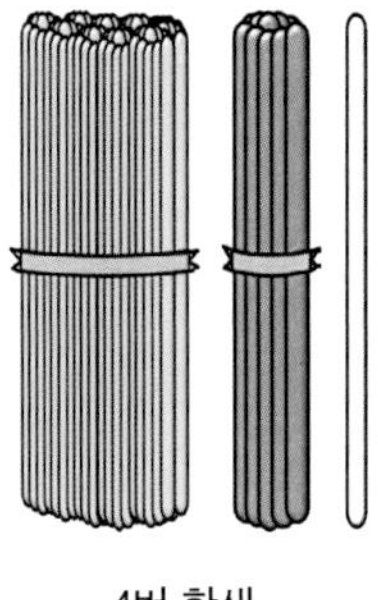

4번 학생

## 라. 성취기준별 활동 내용 (2학년 2학기)

| 학년 | 학기 | 단원 | 단원명 | 성취기준 |
|---|---|---|---|---|
| 2 | 2 | 1 | 네 자리의 수 | [2수 01 - 02]<br>일, 십, 백, 천의 자릿값과 위치적 기수법을 이해하고, 네 자리 이하의 수를 읽고 쓸 수 있다. |
| | | | | [2수 01 - 03]<br>네 자리 이하의 수의 범위에서 수의 계열을 이해하고, 수의 크기를 비교할 수 있다. |

### 1) 1000이 10개인 수 (교과서 10~11쪽)

가) 활동 내용

❶ '900보다 100 큰 수는?' 1번 보드판에 쓴다.

❷ 기수카드 '천', 수카드 '1000' 2번 보드판에 놓는다.

❸ 산가지 100묶음 10묶음을 3번 보드판에 놓고 1000묶음 1묶음과 교환한다

❹ 동전모형 100원 10개를 4번 보드판에 놓고 지폐모형 1000원 1개와 교환한다

나) 활동 결과

1번 학생　　2번 학생

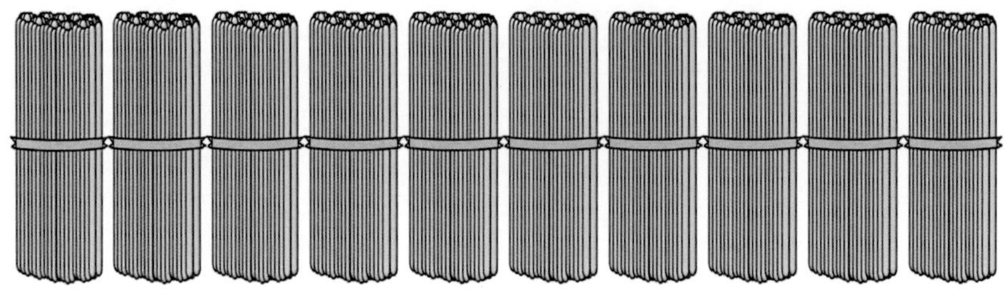

3번 학생

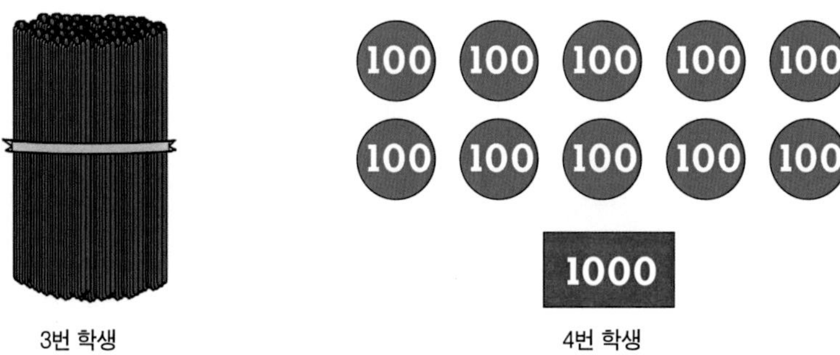


3번 학생

4번 학생

## 2) 9999까지 수 1 (교과서 12~13쪽)

### 가) 활동 내용

❶ 기수카드 '오천' 1번 보드판에 놓는다.

❷ 수카드 '5000' 2번 보드판에 놓는다.

❸ 산가지 1000묶음 5개를 3번 보드판에 놓는다.

❹ 지폐모형 1000원 5개를 4번 보드판에 놓는다.

### 나) 활동 결과

| 오 | 천 | | |
|---|---|---|---|

1번 학생

| 5 | 0 | 0 | 0 |
|---|---|---|---|

2번 학생

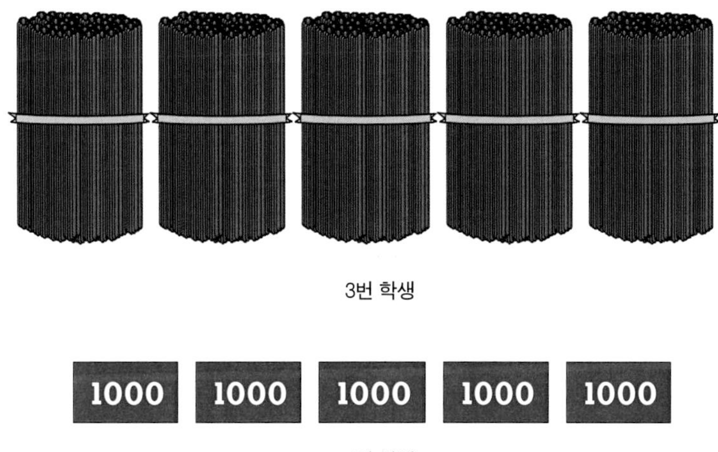


3번 학생

4번 학생

## 3) 9999까지 수 2 (교과서 14~17쪽)

### 가) 활동 내용

❶ 기수카드 '사천 사백' 1번 보드판에 놓는다.

❷ 수카드 '4400' 2번 보드판에 놓는다.

❸ 수모형 1000모형 4개, 100모형 4개를 3번 보드판에 놓는다.

❹ 지폐모형 1000원 4개, 동전모형 100원 4개를 4번 보드판에 놓는다.

### 나) 활동 결과

1번 학생 2번 학생

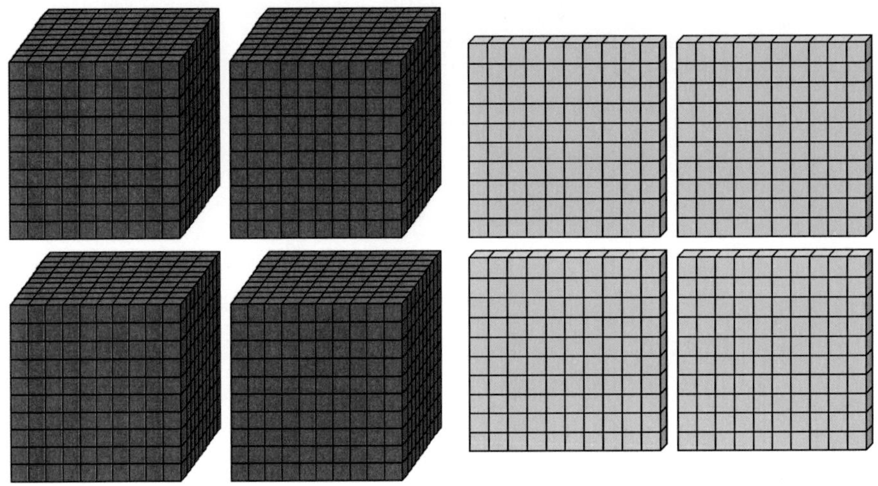

3번 학생

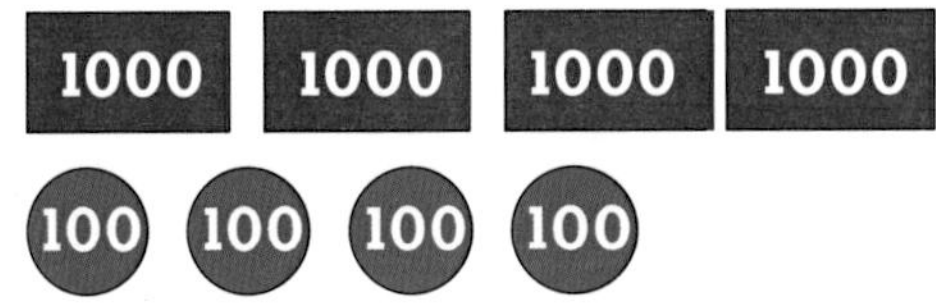


4번 학생

### 4) 9999까지 수 3 (교과서 14~17쪽)

가) 활동 내용

❶ 기수카드 '이천백이십' 1번 보드판에 놓는다.

❷ 수카드 '2120' 2번 보드판에 놓는다.

❸ 산가지 1000묶음 2개, 100묶음 1개, 10묶음 2개를 3번 보드판에 놓는다.

❹ 지폐모형 1000원 2개, 동전모형 100원 1개, 10원 2개를 4번 보드판에 놓는다.

나) 활동 결과

1번 학생 2번 학생

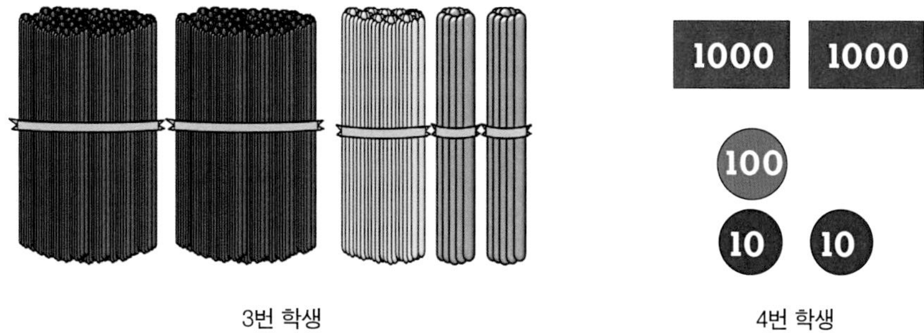


3번 학생　　4번 학생

## 5) 9999까지 수 4 (교과서 14~17쪽)

### 가) 활동 내용

❶ 기수카드 '오천백이십삼' 1번 보드판에 놓는다.

❷ 수카드 '5123' 2번 보드판에 놓는다.

❸ 산가지 1000묶음 5개, 100묶음 1개, 10묶음 2개, 낱개 3개를 3번 보드판에 놓는다.

❹ 지폐모형 1000원 5개, 동전모형 100원 1개, 10원 2개, 1원 3개를 4번 보드판에 놓는다.

### 나) 활동 결과

1번 학생　　2번 학생

3번 학생

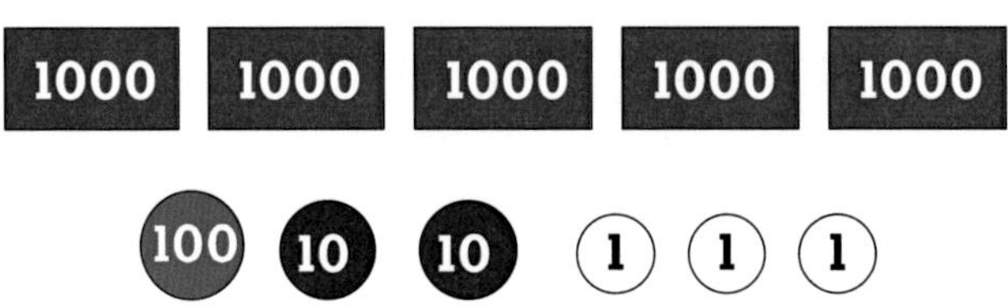


4번 학생

## 마. 성취기준별 활동 내용 (4학년 1학기)

| 학년 | 학기 | 단원 | 단원명 | 성취기준 |
|---|---|---|---|---|
| 4 | 1 | 1 | 큰 수 | [4수 01 - 01]<br>10000 이상의 큰 수에 대한 자릿값과 위치적 기수법을 이해하고, 수를 읽고 쓸 수 있다. |
| | | | | [4수 01 - 02]<br>다섯 자리 이상의 수의 범위에서 수의 계열을 이해하고 수의 크기를 비교할 수 있다, |

### 1) 1000이 10개인 수 (교과서 12~13쪽)

가) 활동 내용

❶ '1000이 10개인 수는?' 1번 보드판에 쓴다.

❷ 지폐모형 1000원 10개를 2번 보드판에 놓고 지폐모형 10000원 1개와 교환한다

❸ 동전모형 100원 100개를 3번 보드판에 놓고 지폐모형 10000원 1개와 교환한다.

❹ 수카드 10000, 기수카드 '만' 4번 보드판에 놓는다.

나) 활동 결과

1번 학생 4번 학생

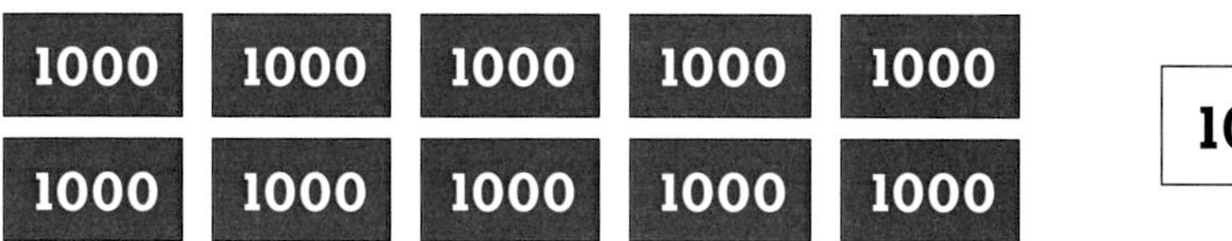

10000

2번 학생

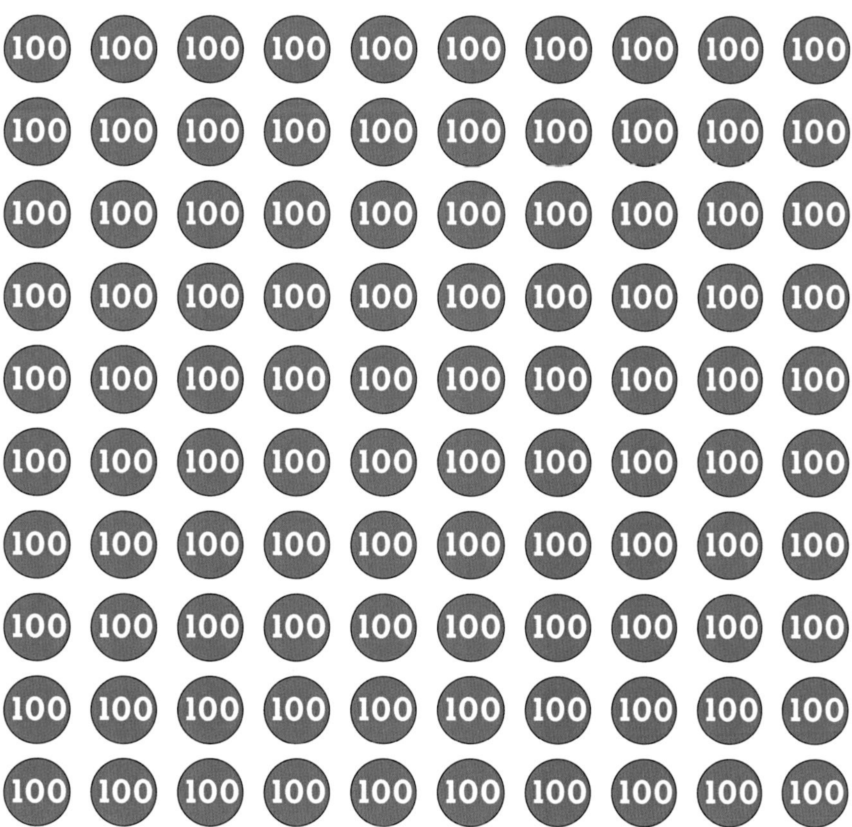

10000

3번 학생

## 2) 다섯 자리 수 (교과서 14~15쪽)

가) 활동 내용

❶ 기수카드 '오만육천삼백십구' 1번 보드판에 놓는다.

❷ 수카드 '56319' 2번 보드판에 놓는다.

❸ ❹ 지폐모형 10000원 5개, 1000원 6개, 동전모형 100원 3개, 10원 1개, 1원 9개를 3, 4번 보드판에 놓는다.

나) 활동 결과

1번 학생 2번 학생

3, 4번 학생

## 3) 십만, 백만, 천만 1 (교과서 16~17쪽)

가) 활동 내용

❶ '10000이 10개인 수, 100개인 수, 1000개인 수를 나타내시오.' 1번 보드판에 쓴다.

❷ 기수카드 '십만', '백만', '천만' 2번 보드판에 놓는다.

❸ 수카드 100000, 1000000, 10000000 3번 보드판에 놓는다.

❹ 100,0000, 1,000,000, 10,000,000을 4번 보드판에 쓴다.

나) 활동 결과

10000이 10개인 수, 100개인 수, 1000개인 수를 나타내시오.

1번 학생

2번 학생

3번 학생

100,000, 1,000,000, 10,000,000

4번 학생

### 4) 십만, 백만, 천만 2 (교과서 16~17쪽)

가) 활동 내용

❶ 수카드 '51640000' 1번 보드판에 놓는다.

❷ 기수카드 '오천백육십사만' 2번 보드판에 놓는다.

❸ ❹ 기수카드 '오천백육십사만'을 2, 3번 보드판에 놓는다.

나) 활동 결과

1번 학생

2, 3번 학생

51,640,000

4번 학생

## 5) 1000만이 10개인 수 (교과서 18~19쪽)

### 가) 활동 내용

❶ '1000만이 10개인 수는?' 1번 보드판에 쓴다.

❷ '10000이 10000개인 수' 2번 보드판에 쓴다.

❸ 기수카드 '억' 3번 보드판에 놓는다.

❹ 수카드 100000000을 4번 보드판에 놓는다.

### 나) 활동 결과

1000만이 10개인 수는?

1번 학생

10000이 10000개인 수

2번 학생

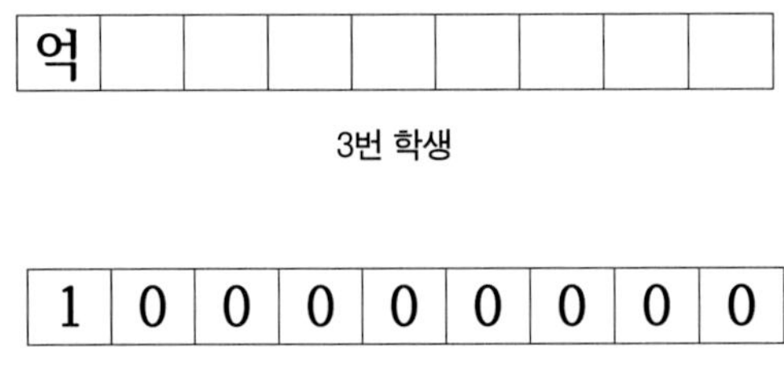


3번 학생

4번 학생

## 6) 십억, 백억, 천억 1 (교과서 18~19쪽)

### 가) 활동 내용

❶ '1억이 10개인 수, 100개인 수, 1000개인 수를 나타내시오.' 1번 보드판에 쓴다.

❷ 기수카드 '십억', '백억', '천억' 2번 보드판에 놓는다.

❸ 수카드 '1000000000', '10000000000', '100000000000' 3번 보드판에 놓는다.

❹ 1,000,000,000 10,000,000,000, 100,000,000,000을 4번 보드판에 쓴다.

나) 활동 결과

1억이 10개인 수, 100개인 수, 1000개인 수를 나타내시오.

1번 학생

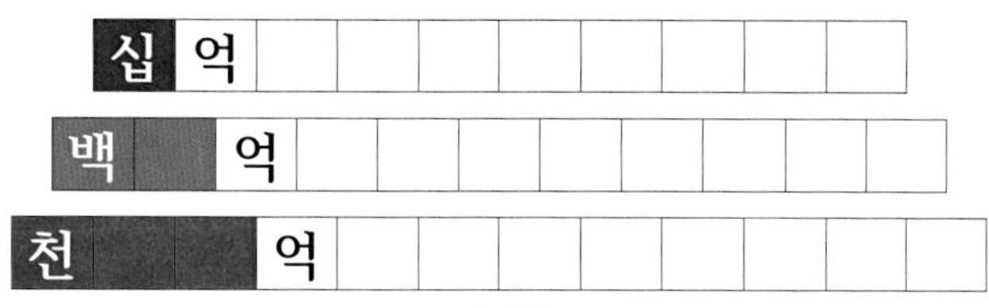


2번 학생

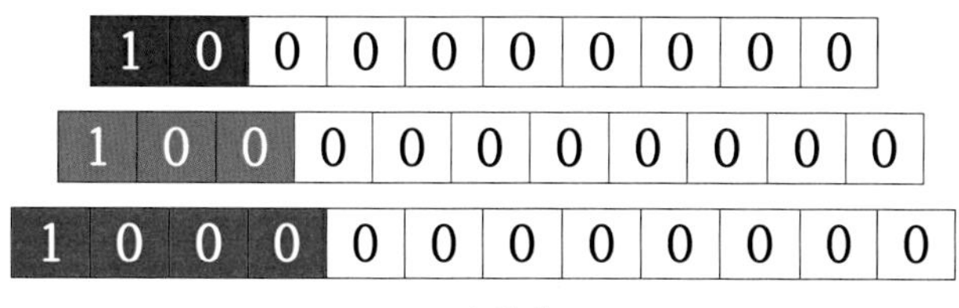


3번 학생

1,000,000,000 10,000,000,000 100,000,000,000

4번 학생

## 7) 십억, 백억, 천억 2 (교과서 18~19쪽)

가) 활동 내용

❶ 수카드 '247500000000' 1번 보드판에 놓는다.

❷ 기수카드 '이천사백칠십오억' 2번 보드판에 놓는다.

❸ 기수카드 '이천사백칠십오억' 3번 보드판에 놓는다.

❹ 247,500,000,000을 4번 보드판에 쓴다.

나) 활동 결과

1번 학생

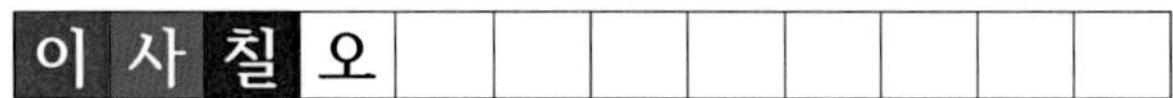


2, 3번 학생

247,500,000,000

4번 학생

## 8) 1000억이 10개인 수 (교과서 20~21쪽)

### 가) 활동 내용

❶ '1000억이 10개인 수는?' 1번 보드판에 쓴다.

❷ '1억이 10000개인 수' 2번 보드판에 쓴다.

❸ 기수카드 '조' 3번 보드판에 놓는다.

❹ 수카드 '1,000.000,000,000' 4번 보드판에 놓는다.

### 나) 활동 결과

1000억이 10개인 수는?

1번 학생

1억이 10000개인 수

2번 학생

3번 학생

4번 학생

## 9) 십조, 백조, 천조 1 (교과서 20~21쪽)

### 가) 활동 내용

❶ '1조가 10개인 수, 100개인 수, 1000개인 수를 나타내시오.' 1번 보드판에 쓴다.

❷ 기수카드 '십조', '백조', '천조' 2번 보드판에 놓는다.

❸ 수카드 '10000000000000', '100000000000000', '1000000000000000' 3번 보드판에 놓는다.

❹ 1000000,0000, 10000,000,000, 100000,000,000을 4번 보드판에 쓴다.

### 나) 활동 결과

1조가 10개인 수, 100개인 수, 1000개인 수를 나타내시오.

1번 학생

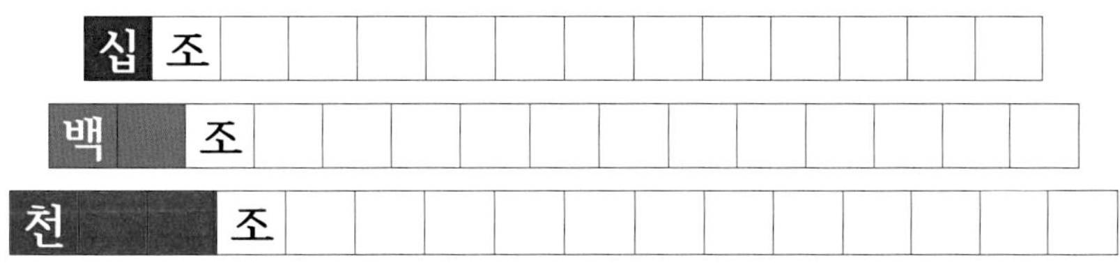


2번 학생

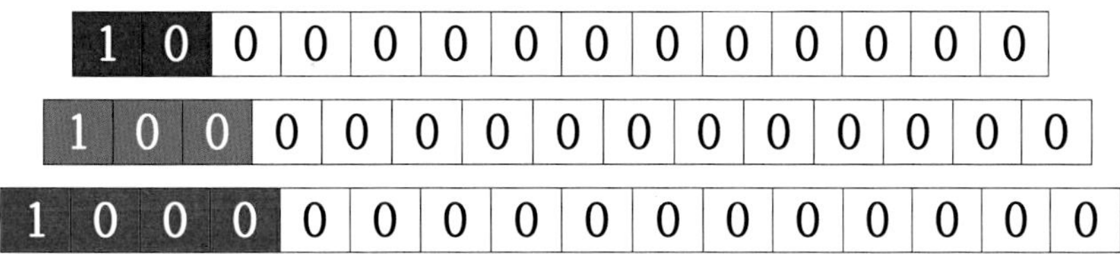


3번 학생

10,000,000,000,000 100,000,000,000,000 1,000,000,000,000,000

4번 학생

## 10) 십조, 백조, 천조 2 (교과서 20~21쪽)

### 가) 활동 내용

❶ 수카드 '475200000000' 1번 보드판에 놓는다.

❷
❸ 기수카드 '사천칠백오십이조' 2, 3번 보드판에 놓는다.

❹ 4,752,000,000,000,000을 4번 보드판에 쓴다.

### 나) 활동 결과

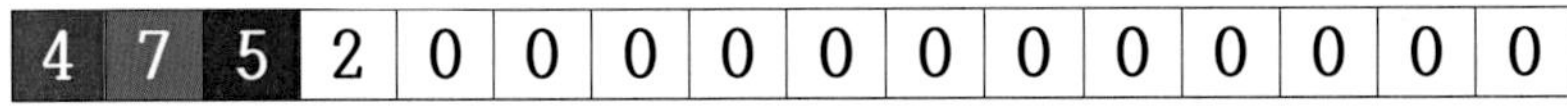


1번 학생

| 사 | 칠 | 오 | 이 | | | | | | | | | | | | |
|---|---|---|---|---|---|---|---|---|---|---|---|---|---|---|---|

2, 3번 학생

4,752,000,000,000,000

4번 학생

# 바. 성취기준별 활동 내용 (5학년 1학기)

| 학년 | 학기 | 단원 | 단원명 | 성취기준 |
|---|---|---|---|---|
| 5 | 1 | 2 | 약수와 배수 | [6수 01 - 02]<br>약수, 공약수, 최대공약수의 의미를 알고 구할 수 있다. |
| | | | | [6수 01 - 03]<br>배수, 공배수, 최소공배수의 의미를 알고 구할 수 있다. |
| | | | | [6수 01 - 04]<br>약수와 배수의 관계를 이해한다. |

## 1) 약수 (교과서 28~29쪽)

### 가) 활동 내용

❶ '카드 12개를 곱셈과 나눗셈을 이용하여 몇 명에게 몇 개씩 나누어 줄 수 있는지 알아보시오. 또한 이 수를 무엇이라 합니까?' 1번 보드판에 쓴다.

❷ '1 × 12 = 12, 2 × 6 = 12, 3 × 4 = 12, 4 × 3 = 12, 6 × 2 = 12, 12 × 1 = 12' 2번 보드판에 쓴다.

❸ '12 ÷ 1 = 12, 12 ÷ 2 = 6, 12 ÷ 3 = 4 12 ÷ 4 = 3, 12 ÷ 6 = 2, 12 ÷ 12 = 1' 3번 보드판에 쓴다.

❹ '1명 12개, 2명 6개, 3명 4개, 4명 3개, 6명 2개, 12명 1개'
'12의 약수는 1, 2, 3, 4, 6, 12.' 4번 보드판에 쓴다.

### 나) 활동 결과

카드 12개를 곱셈과 나눗셈을 이용하여 몇 명에게 몇 개씩 나누어 줄 수 있는지
알아보시오. 또한 이 수를 무엇이라 합니까?

1번 학생

1 × 12 = 12, 2 × 6 = 12, 3 × 4 = 12,
4 × 3 = 12, 6 × 2 = 12, 12 × 1 = 12

2번 학생

12 ÷ 1 = 12, 12 ÷ 2 = 6, 12 ÷ 3 = 4
12 ÷ 4 = 3, 12 ÷ 6 = 2, 12 ÷ 12 = 1

3번 학생

1명 12개, 2명 6개, 3명 4개, 4명 3개, 6명 2개, 12명 1개
12의 약수는 1, 2, 3, 4, 6, 12

4번 학생

## 2) 배수 (교과서 30~31쪽)

### 가) 활동 내용

❶ 학생 1명당 카드 4개를 나누어 줄 때 학생 10명이면 몇 개가 필요한지 곱셈으로 나타내시오. 또한 수판에 ○표시하여 알아보시오. 또한 이 수를 무엇이라 합니까? 1번 보드판에 쓴다.

❷ '4 × 1 = 4, 4 × 2 = 8, 4 × 3 = 12, 4 × 4 = 16, 4 × 5 = 20, 4 × 6 = 24, 4 × 7 = 28, 4 × 8 = 32, 4 × 9 = 36, 4 × 10 = 40' 2번 보드판에 쓴다.

❸ 수판에서 4개씩 띄어 세기를 하면서 ○ 표시한다.

❹ '1명 4개, 2명 8개, 3명 12개, 4명 16개, 5명 20개, 6명 24개, 7명 28개, 8명 32개, 9명 36개, 10명 40개'
'4의 배수는 4, 8, 12, 16, 20, 24, 28, 32, 36, 40.' 4번 보드판에 쓴다.

나) 활동결과

학생 1명당 카드 4개를 나누어 줄 때 학생 10명이면 몇 개가 필요한지 곱셈으로 나태내시오. 또한 수판에 O표시하여 알아보시오. 또한 이 수를 무엇이라 합니까?

1번 학생

4 × 1 = 4, 4 × 2 = 8, 4 × 3 = 12, 4 × 4 = 16, 4 × 5 = 20, 4 × 6 = 24, 4 × 7 = 28, 4 × 8 = 32, 4 × 9 = 36, 4 × 10 = 40

2번 학생

| 1 | 2 | 3 | ④ | 5 | 6 | 7 | ⑧ | 9 | 10 |
|---|---|---|---|---|---|---|---|---|---|
| 11 | ⑫ | 13 | 14 | 15 | ⑯ | 17 | 18 | 19 | ⑳ |
| 21 | 22 | 23 | ㉔ | 25 | 26 | 27 | ㉘ | 29 | 30 |
| 31 | ㉜ | 33 | 34 | 35 | ㊱ | 37 | 38 | 39 | ㊵ |

3번 학생

1명 4개, 2명 8개, 3명 12개, 4명 16개, 5명 20개, 6명 24개,
7명 28개, 8명 32개, 9명 36개, 10명 40개
4의 배수는 4, 8, 12, 16, 20, 24, 28, 32, 36, 40

4번 학생

## 3) 약수와 배수의 관계 (교과서 32~33쪽)

가) 활동 내용

❶ '1 × 15 = 15, 3 × 5 = 15 곱셈식을 이용하여 약수와 배수와의 관계를 구하세요.' 1번 보드판에 쓴다.

❷ '15의 약수는 1, 3, 5, 15' 2번 보드판에 쓴다.

❸ '15는 1, 3, 5, 15의 배수' 3번 보드판에 쓴다.

❹ '15의 약수는 1, 3, 5, 15. 15는 1, 3, 5, 15의 배수' 4번 보드판에 쓴다.

나) 활동결과

1 × 15 = 15, 3 × 5 = 15 곱셈식을 이용하여 약수와 배수와의 관계를 구하세요.

1번 학생

15의 약수는 1, 3, 5, 15

2번 학생

15는 1, 3, 5, 15의 배수

3번 학생

15의 약수는 1, 3, 5, 15. 15는 1, 3, 5, 15의 배수

4번 학생

## 4) 공약수, 최대공약수 (교과서 34~37쪽)

### 가) 활동 내용

❶ '12, 8의 공약수, 최대공약수를 구하세요.' 1번 보드판에 쓴다.

❷ '12의 약수 1, 2, 3, 4, 6, 12. 8의 약수 1, 2, 4, 8. 12와 8의 공약수 1, 2, 4.' 2번 보드판에 쓴다.

❸ 최대공약수 구하는 식을 이용하여 구한다.

❹ 12와 8의 공약수는 1, 2, 4 최대공약수는 4, 4번 보드판에 쓴다.

### 나) 활동결과

12, 8의 공약수, 최대공약수를 구하세요

1번 학생

12의 약수 1, 2, 3, 4, 6, 12.    8의 약수 1, 2, 4, 8.
12와 8의 공약수는 1, 2, 4.

2번 학생

3번 학생

12와 8의 공약수는 1, 2, 4. 최대공약수는 4

4번 학생

## 5) 공배수, 최소공배수 (교과서 38~41쪽)

### 가) 활동 내용

❶ '2, 3의 공배수, 최소공배수를 구하세요.' 1번 보드판에 쓴다.

❷ 2의 배수 3의 배수를 수판에서 띄어 세기를 하면서 ○ 표시한다.

❸ 최소공배수 구하는 식을 이용하여 구한다.

❹ '2와 3의 공배수는 6, 12, 18, 24, 30 …, 최소공배수는 6' 4번 보드판에 쓴다.

### 나) 활동결과

2, 3의 공배수, 최소공배수를 구하세요

1번 학생

| 1 | ② | 3 | ④ | 5 | ⑥ | 7 | ⑧ | 9 | ⑩ |
|---|---|---|---|---|---|---|---|---|---|
| 11 | ⑫ | 13 | ⑭ | 15 | ⑯ | 17 | ⑱ | 19 | ⑳ |

2의 배수 2, 4, 6, 8, 10
12, 14, 16, 18, 20

| 1 | 2 | ③ | 4 | 5 | ⑥ | 7 | 8 | ⑨ | 10 |
|---|---|---|---|---|---|---|---|---|---|
| 11 | ⑫ | 13 | 14 | ⑮ | 16 | 17 | ⑱ | 19 | 20 |
| ㉑ | 22 | 23 | ㉔ | 25 | 26 | ㉗ | 28 | 29 | ㉚ |

3의 배수 3, 6, 9, 12, 15,
18, 21, 24, 27, 30

2번 학생

3번 학생

2와 3의 공배수는 6, 12, 18, 24, 30 … 최소공배수는 6

4번 학생

# 분수 및 소수 개념

## 가. 성취기준별 활동 내용 (3학년 1학기)

| 학년 | 학기 | 단원 | 단원명 | 성취기준 |
|---|---|---|---|---|
| 3 | 1 | 6 | 분수와 소수 | [4수 01 - 10]<br>양의 등분할을 통하여 분수를 이해하고 읽고 쓸 수 있다. |
| | | | | [4수 01 - 11]<br>단위분수, 진분수, 가분수, 대분수를 알고 그 관계를 이해한다. |
| | | | | [4수 01 - 12]<br>분모가 같은 분수끼리, 단위분수끼리 크기를 비교할 수 있다. |
| | | | | [4수 01 - 13]<br>분모가 10인 진분수를 통하여 소수 한 자릿수를 이해하고 읽고 쓸 수 있다. |
| | | | | [4수 01 - 15]<br>소수의 크기를 비교할 수 있다. |

### 1) 분수 개념 (교과서 114~117쪽)

가) 활동 내용

❶ 1모형을 들어보이며 "이것을 3개로 자른 것을 찾으세요."라고 말한다.

❷
❸ 분수모형 $\frac{1}{3}$ 3개를 2번, 3번 보드판에 놓는다.

❹ 2번, 3번 보드판의 $\frac{1}{3}$ 3개와 1모형을 비교하여 같은 크기임을 확인한다.

나) 활동 결과

2, 3번 학생

1, 4번 학생

## 2) 진분수 (교과서 118~119쪽)

가) 활동 내용

❶ '$\frac{1}{5}$' 3개는 얼마입니까? 1번 보드판에 쓴다.

❷
❸ 분수모형 $\frac{1}{5}$ 3개를 2, 3번 보드판에 놓는다.

❹ '$\frac{3}{5}$' 4번 보드판에 쓴다.

나) 활동 결과

$\frac{1}{5}$ 3개는 얼마입니까?

1번 학생

$\frac{3}{5}$

4번 학생

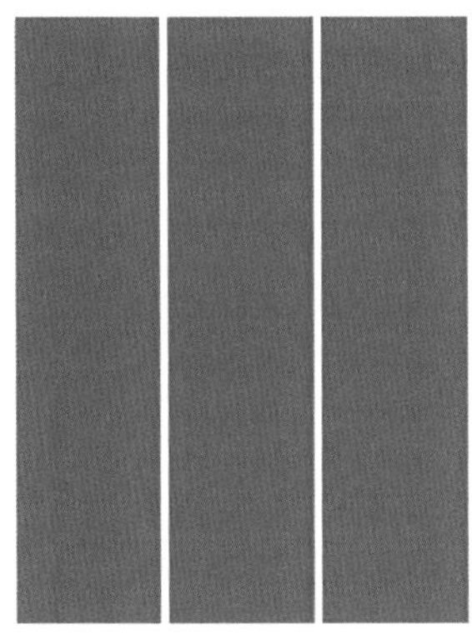
2번 학생

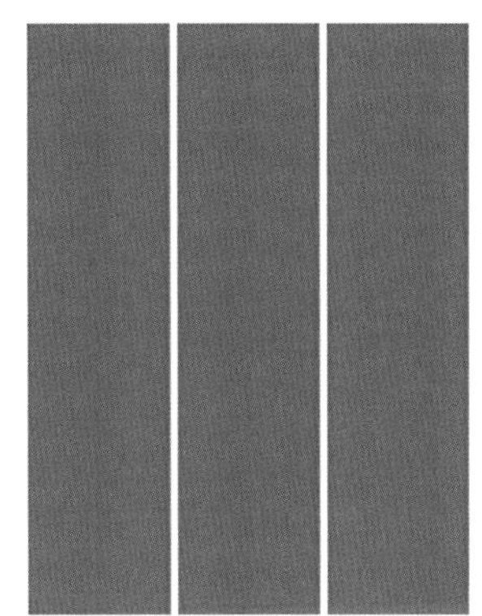
3번 학생

### 3) 진분수 크기 비교 1 (교과서 120~121쪽)

가) 활동 내용

❶ '$\frac{2}{6}$, $\frac{4}{6}$' 중 더 큰 것을 찾으세요. 1번 보드판에 쓴다.

❷ 분수모형 $\frac{1}{6}$ 2개를 2번 보드판에 놓는다.

❸ 분수모형 $\frac{1}{6}$ 4개를 3번 보드판에 놓는다.

❹ 분수모형 크기를 비교하고 $\frac{2}{6} < \frac{4}{6}$식을 4번 보드판에 완성한다.

나) 활동 결과

$\frac{2}{6}$, $\frac{4}{6}$ 더 큰 것을 찾으세요.

1번 학생

$\frac{2}{6} < \frac{4}{6}$

4번 학생

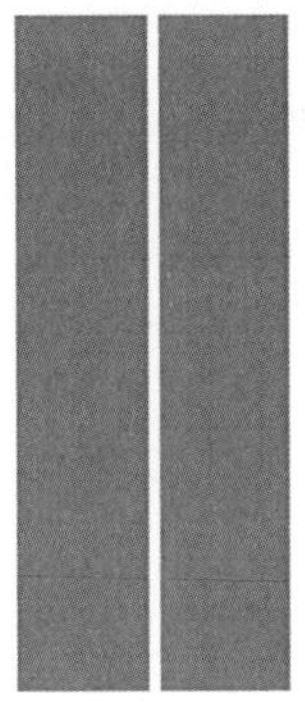

2번 학생

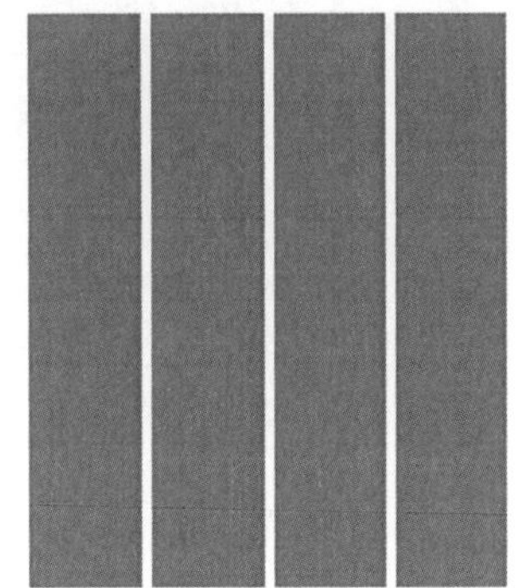

3번 학생

### 4) 진분수 크기 비교 2 (교과서 120~121쪽)

가) 활동 내용

❶ '분모가 9인 분수 중 $\frac{4}{9}$ 보다 크고 $\frac{7}{9}$ 보다 작은 분수를 찾으세요.' 1번 보드판에 쓴다.

❷ 분수모형 $\frac{1}{9}$ 5개를 2번 보드판에 놓는다.

❸ 분수모형 $\frac{1}{9}$ 6개를 3번 보드판에 놓는다.

❹ "$\frac{5}{9}$, $\frac{6}{9}$" 4번 보드판에 쓴다.

나) 활동 결과

분모가 9인 분수 중
$\frac{4}{9}$ 보다 크고 $\frac{7}{9}$보다 작은 분수를 찾으세요.

1번 학생

$\frac{5}{9}$, $\frac{6}{9}$

4번 학생

2번 학생

3번 학생

## 5) 단위분수 크기 비교 (교과서 122~123쪽)

가) 활동 내용

❶ '$\frac{1}{3}$, $\frac{1}{4}$' 크기를 비교하세요. 1번 보드판에 쓴다.

❷ 분수모형 $\frac{1}{3}$을 2번 보드판에 놓는다.

❸ 분수모형 $\frac{1}{4}$을 3번 보드판에 놓는다.

❹ $\frac{1}{3}$과 $\frac{1}{4}$를 겹쳐 보고 '$\frac{1}{3} > \frac{1}{4}$' 식을 4번 보드판에 완성한다.

나) 활동 결과

$\frac{1}{3}$, $\frac{1}{4}$ 크기를 비교하세요.

1번 학생

$$\frac{1}{3} > \frac{1}{4}$$

4번 학생

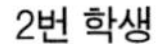

2번 학생

3번 학생

4번 학생

## 6) 소수 개념 1 (교과서 124~125쪽)

### 가) 활동 내용

❶ '1을 10개로 나눈 것을 찾고 표현 방법을 쓰세요.' 1번 보드판에 쓴다.

❷
❸ $\frac{1}{10}$ 1개를 2, 3번 보드판에 놓는다.

❹ '$\frac{1}{10}$ = 0.1' 4번 보드판에 쓴다.

### 나) 활동 결과

1을 10개로 나눈 것을 찾고
표현 방법을 쓰세요.

1번 학생

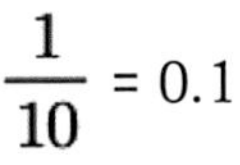


4번 학생

1번 학생

2, 3번 학생

## 7) 소수 개념 2 (교과서 124~125쪽)

가) 활동 내용

❶ '1을 100개로 나눈 것을 찾고 표현 방법을 쓰세요.' 1번 보드판에 쓴다.

❷
❸ $\frac{1}{100}$ 모형 1개를 2, 3번 보드판에 놓는다.

❹ '$\frac{1}{100}$ = 0.01' 4번 보드판에 쓴다.

나) 활동 결과

1을 100개로 나눈 것을 찾고
표현 방법을 쓰세요.

1번 학생

$\frac{1}{100}$ = 0.01

4번 학생

1번 학생

2, 3번 학생

## 8) 소수 개념 3 (교과서 126~127쪽)

가) 활동 내용

❶ '0.1이 5개이면 얼마입니까?' 1번 보드판에 쓴다.

❷
❸ 0.1 5개를 2, 3번 보드판에 놓는다.

❹ '$\frac{5}{10}$ = 0.5' 4번 보드판에 쓴다.

나) 활동 결과

0.1이 5개이면 얼마입니까?

1번 학생

$$\frac{5}{10} = 0.5$$

4번 학생

2번 학생

3번 학생

## 9) 소수 개념 4 (교과서 126~127쪽)

가) 활동 내용

❶ '0.1이 25개이면 얼마입니까?' 1번 보드판에 쓴다.

❷
❸ 0.1 25개를 2, 3번 보드판에 놓는다.

❹ 2, 3번 보드판의 모형을 세어 0.1, 10개는 1과 교환하고 2.5를 4번 보드판에 쓴다.

나) 활동 결과

0.1이 25개이면 얼마입니까?

1번 학생

2.5

4번 학생

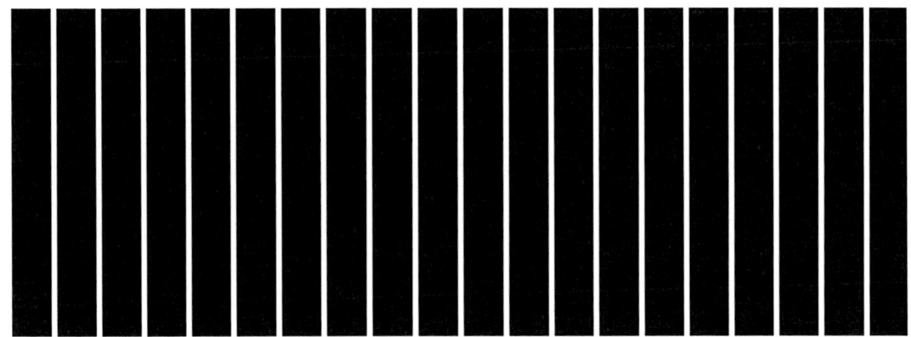
2, 3번 학생

2, 3번 학생

4번 학생

4번 학생

## 10) 소수 크기 비교 (교과서 128~129쪽)

### 가) 활동 내용

❶ '0.7, 0.8 중 어느 것이 큽니까?' 1번 보드판에 쓴다.

❷ 0.1 7개를 2번 보드판에 놓는다.

❸ 0.1 8개를 3번 보드판에 놓는다.

❹ '0.7〈0.8' 식을 4번 보드판에 완성한다.

### 나) 활동 결과

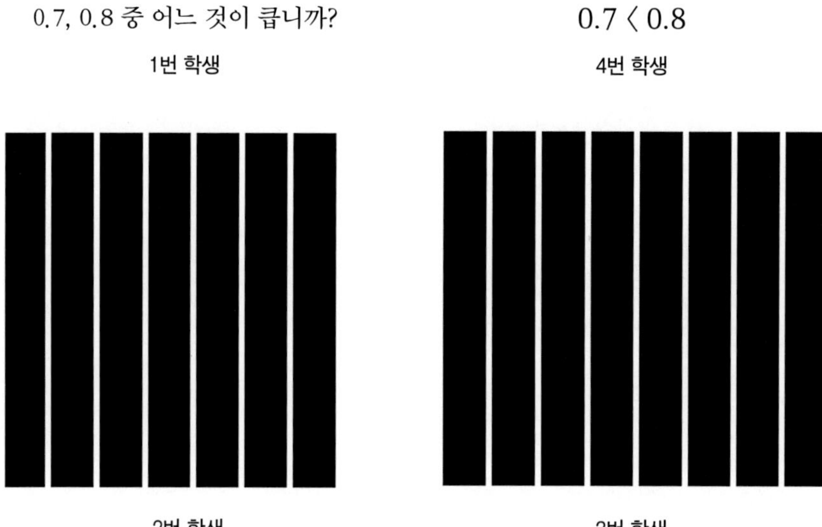


# 나. 성취기준별 활동 내용 (3학년 2학기)

| 학년 | 학기 | 단원 | 단원명 | 성취기준 |
|---|---|---|---|---|
| 3 | 2 | 5 | 분수 | [4수 01 - 10]<br>양의 등분할을 통하여 분수를 이해하고 읽고 쓸 수 있다. |
| | | | | [4수 01 - 11]<br>단위분수, 진분수, 가분수, 대분수를 알고 그 관계를 이해한다. |
| | | | | [4수 01 - 12]<br>분모가 같은 분수끼리, 단위분수끼리 크기를 비교할 수 있다. |

## 1) 1과 크기가 같은 분수 (교과서 124~125쪽)

### 가) 활동 내용

❶ '분모가 6인 분수 중 1과 크기가 같은 분수를 찾으세요.' 1번 보드판에 쓴다.

❷
❸ 분수모형 $\frac{1}{6}$ 6개를 찾아 2, 3번 보드판에 놓는다.

❹ 모형 1과 크기가 같은지 확인한 후 '$1 = \frac{6}{6}$' 4번 보드판에 쓴다.

### 나) 활동 결과

분모가 6인 분수 중
1과 크기가 같은 분수를 찾으세요.

1번 학생

$1 = \frac{6}{6}$

4번 학생

2번 학생

3번 학생

## 2) 진분수 개념 (교과서 124~125쪽)

### 가) 활동 내용

❶ '단위분수 $\frac{1}{5}$인 분수 중 1보다 작은 분수를 모두 찾으세요.' 1번 보드판에 쓴다.

❷
❸ 분수모형 $\frac{1}{5}$ 4개를 2, 3번 보드판에 놓는다.

❹ 모형 1과 크기를 비교하고 '$\frac{1}{5}$, $\frac{2}{5}$· $\frac{3}{5}$, $\frac{4}{5}$' 4번 보드판에 쓴다.

나) 활동 결과

단위분수 $\frac{1}{5}$인 분수 중

1보다 작은 분수를 모두 찾으세요.

1번 학생

$\frac{1}{5}, \frac{2}{5}, \frac{3}{5}, \frac{4}{5}$

4번 학생

2번 학생

3번 학생

## 3) 가분수, 대분수 개념 1 (교과서 128~129쪽)

가) 활동 내용

❶ "가분수 $\frac{6}{4}$을 대분수로 나타내시오." 1번 보드판에 쓴다.

❷ 분수모형 $\frac{1}{4}$ 6개를 2번 보드판에 놓는다.

❸ 가분수 $\frac{6}{4}$ 중 분수모형 $\frac{1}{4}$ 4개를 1모형과 교환한다.

❹ '$\frac{6}{4} = 1\frac{2}{4}$' 4번 보드판에 쓴다.

나) 활동 결과

가분수 $\frac{6}{4}$을 대분수로 나타내시오.

1번 학생

$\frac{6}{4} = 1\frac{2}{4}$

4번 학생

2번 학생

3번 학생

## 4) 가분수, 대분수 개념 2 (교과서 128~129쪽)

가) 활동 내용

❶ '대분수 $2\frac{5}{8}$를 가분수로 나타내시오.' 1번 보드판에 쓴다.

❷ 1모형 2개와 분수모형 $\frac{1}{8}$ 5개를 2번 보드판에 놓는다.

❸ 대분수 $2\frac{5}{8}$ 중 1모형 2개를 분수모형 $\frac{1}{8}$ 16개로 교환하여 3번 보드판에 놓는다.

❹ '$2\frac{5}{8} = \frac{21}{8}$' 4번 보드판에 쓴다.

나) 활동 결과

대분수 $2\frac{5}{8}$를 가분수로 나타내시오. $2\frac{5}{8} = \frac{21}{8}$

1번 학생

4번 학생

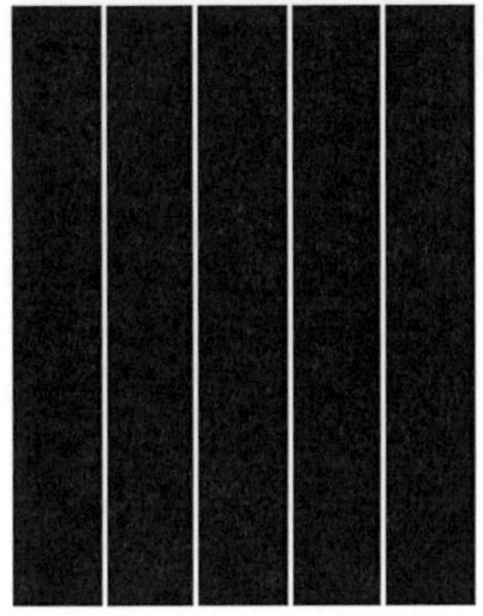

2번 학생

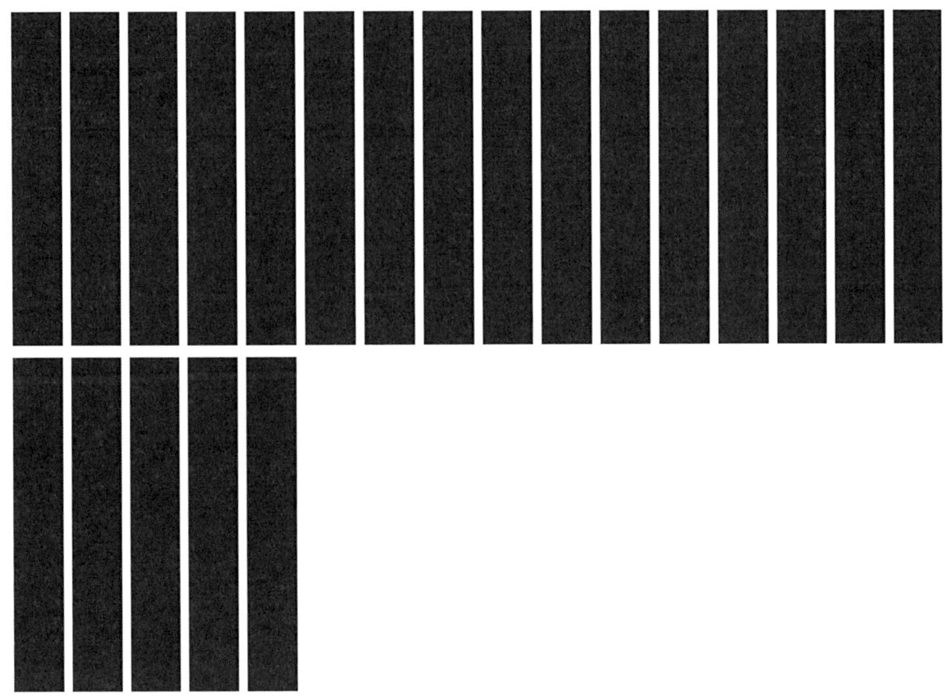

3번 학생

## 5) 가분수 크기 비교 (교과서 130~131쪽)

가) 활동 내용

❶ '가분수 $\frac{15}{10}$, $\frac{13}{10}$ 크기를 비교하세요.' 1번 보드판에 쓴다.

❷ 분수모형 $\frac{1}{10}$ 15개를 2번 보드판 놓는다.

❸ 분수모형 $\frac{1}{10}$ 13개를 3번 보드판 놓는다.

❹ 분수의 개수를 확인한 후 '$\frac{15}{10} > \frac{13}{10}$' 4번 보드판에 완성한다.

나) 활동 결과

가분수 $\frac{15}{10}$, $\frac{13}{10}$ 크기를 비교하세요. $\frac{15}{10} > \frac{13}{10}$

1번 학생 4번 학생

2번 학생

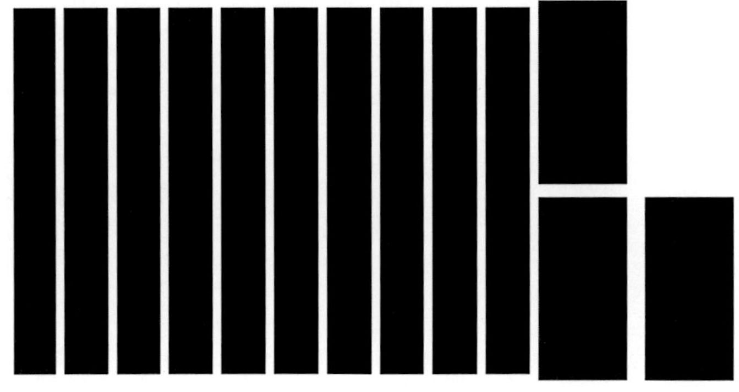

3번 학생

## 6) 대분수 크기 비교 (교과서 130~131쪽)

가) 활동 내용

❶ '대분수 $2\frac{2}{7}$, $1\frac{6}{7}$ 크기를 비교하세요.' 1번 보드판에 쓴다.

❷ 1모형 2개와 분수모형 $\frac{1}{7}$ 2개를 2번 보드판에 놓는다.

❸ 1모형 1개와 분수모형 $\frac{1}{7}$ 6개를 3번 보드판에 놓는다.

❹ 분수의 크기를 확인한 후 '$2\frac{2}{7} > 1\frac{6}{7}$' 4번 보드판에 완성한다.

나) 활동 결과

대분수 $2\frac{2}{7}$, $1\frac{6}{7}$ 크기를 비교하세요.

1번 학생

$2\frac{2}{7} > 1\frac{6}{7}$

4번 학생

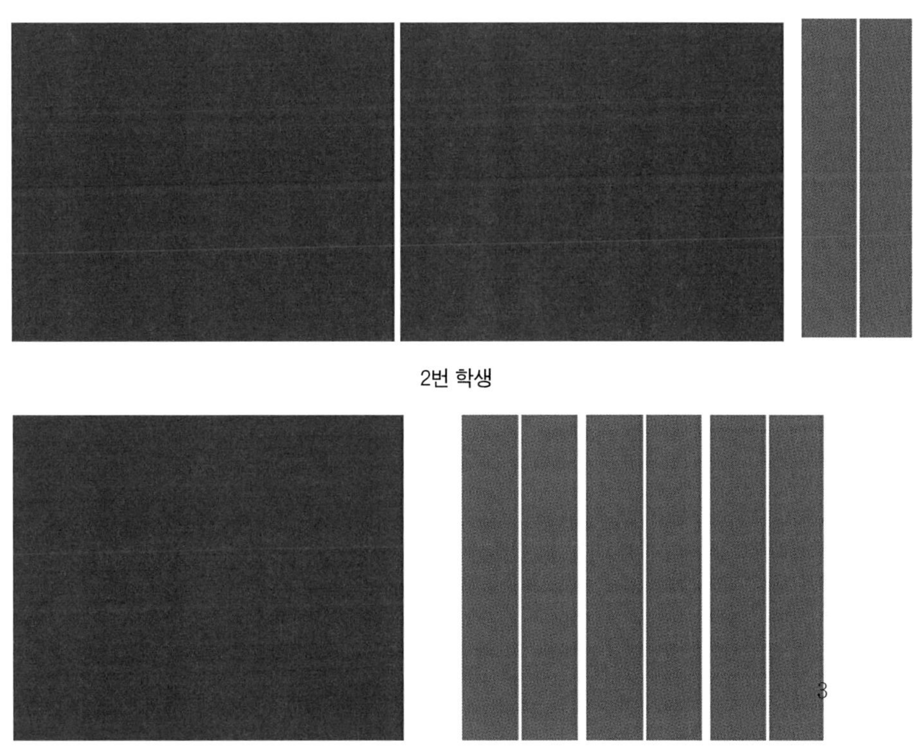

2번 학생

3번 학생

## 다. 성취기준별 활동 내용 (4학년 2학기)

| 학년 | 학기 | 단원 | 단원명 | 성취기준 |
|---|---|---|---|---|
| 4 | 2 | 1 | 분수의<br>덧셈과 뺄셈 | [4수 01 - 16]<br>분모가 같은 분수의 덧셈과 뺄셈의 계산 원리를 이해하고, 그 계산을 할 수 있다. |
| | | | | [4수 01 - 17]<br>소수 두 자리 수의 범위에서 소수의 덧셈과 뺄셈의 계산 원리를 이해하고, 그 계산을 할 수 있다. |

### 1) (진분수) + (진분수) 1 (교과서 12~13쪽)

가) 활동 내용

❶ '$\frac{1}{4}+\frac{2}{4}$' 1번 보드판에 쓴다.

❷ 분수모형 $\frac{1}{4}$ 1개를 2번 보드판에 놓는다.

❸ 분수모형 $\frac{1}{4}$ 2개를 3번 보드판에 놓는다.

❹ 2번, 3번 보드판의 모형을 더하여 '$\frac{1}{4}+\frac{2}{4}=\frac{3}{4}$' 4번 보드판에 완성한다.

나) 활동 결과

$$\frac{1}{4}+\frac{2}{4}$$

1번 학생

$$\frac{1}{4}+\frac{2}{4}=\frac{3}{4}$$

4번 학생

2번 학생

3번 학생

### 2) (진분수) + (진분수) 2 (교과서 12~13쪽)

가) 활동 내용

❶ '$\frac{2}{6}+\frac{5}{6}$' 1번 보드판에 쓴다.

❷ 분수모형 $\frac{1}{6}$ 2개를 2번 보드판에 놓는다.

❸ 분수모형 $\frac{1}{6}$ 5개를 3번 보드판에 놓는다.

❹ 2번, 3번 모형을 더하고 1과 크기가 같은 것은 1모형과 교환하여 덧셈식을 완성한다.

나) 활동 결과

$$\frac{2}{6}+\frac{5}{6}$$

1번 학생

2번 학생

3번 학생

4번 학생

$$\frac{2}{6}+\frac{5}{6}=\frac{7}{6}=1\frac{1}{6}$$

### 3) (대분수) + (대분수) (교과서 14~15쪽)

가) 활동 내용

❶ '$2\frac{1}{5}+1\frac{3}{5}$' 1번 보드판에 쓴다.

❷ 1모형 2개와 분수모형 $\frac{1}{5}$ 1개를 2번 보드판에 놓는다.

❸ 1모형 1개와 분수모형 $\frac{1}{5}$ 3개를 3번 보드판에 놓는다.

❹ 2번, 3번 보드판 위의 모형을 더하여 '$2\frac{1}{5}+1\frac{3}{5}=3\frac{4}{5}$' 4번 보드판에 완성한다.

나) 활동 결과

$$2\frac{1}{5}+1\frac{3}{5}$$

1번 학생

$$2\frac{1}{5}+1\frac{3}{5}=3\frac{4}{5}$$

4번 학생

2번 학생

3번 학생

## 4) (진분수) - (진분수) (교과서 16~17쪽)

가) 활동 내용

❶ '$\frac{4}{6}-\frac{2}{6}$' 1번 보드판에 쓴다.

❷ 분수모형 $\frac{1}{6}$ 4개를 2번 보드판에 놓는다.

❸ 2번 보드판 분수모형 $\frac{1}{6}$ 2개를 덜어내어 3번 보드판에 놓는다.

❹ 2번 보드판의 남은 모형을 4번 보드판에 옮겨 놓고 뺄셈식을 완성한다.

나) 활동 결과

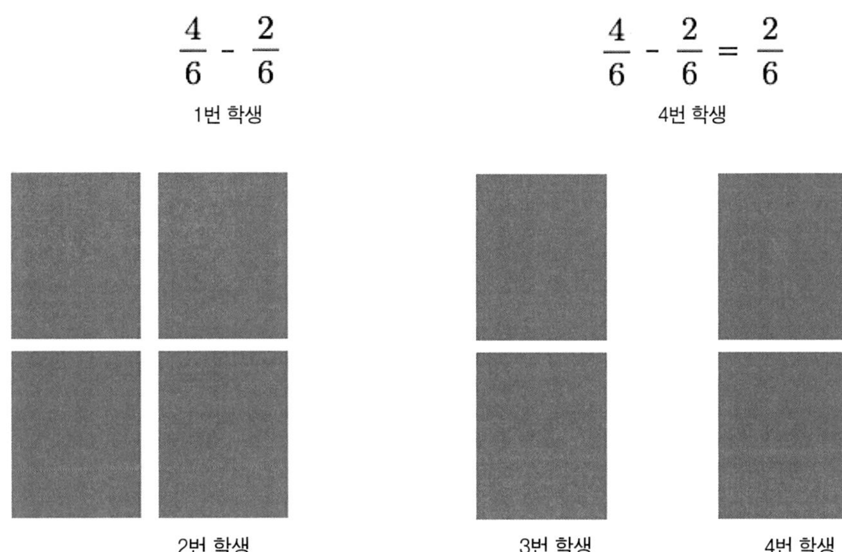


## 5) 1 - (진분수) (교과서 16~17쪽)

가) 활동 내용

❶ '1 - $\frac{2}{5}$' 1번 보드판에 쓴다.

❷ 1모형 1개를 2번 보드판에 놓는다.

❸ 1모형을 분수모형 $\frac{1}{5}$ 5개로 교환하여 2개를 3번 보드판에 놓는다.

❹ 2번 보드판의 남은 모형을 4번 보드판에 옮겨 놓고 뺄셈식을 완성한다.

나) 활동 결과

$1 - \frac{2}{5}$

1번 학생

$1 - \frac{2}{5} = \frac{3}{5}$

4번 학생

2번 학생

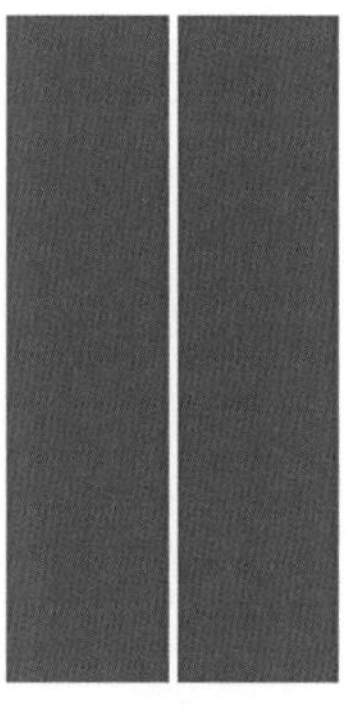

3번 학생

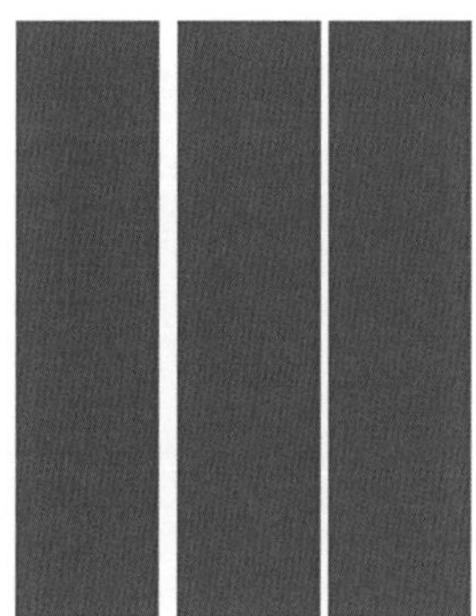

4번 학생

### 6) 받아내림이 없는 (대분수) - (대분수) (교과서 18~19쪽)

가) 활동 내용

❶ '$3\frac{2}{3} - 1\frac{1}{3}$' 1번 보드판에 쓴다.

❷ 1모형 3개와 분수모형 $\frac{1}{3}$ 2개를 2번 보드판에 놓는다.

❸ 2번 보드판 1모형 1개와 분수모형 $\frac{1}{3}$ 1개를 3번 보드판에 놓는다.

❹ 2번 보드판 위의 남은 모형을 4번 보드판 옮겨 놓고 뺄셈식을 완성한다.

나) 활동 결과

$3\frac{2}{3} - 1\frac{1}{3}$

1번 학생

$3\frac{2}{3} - 1\frac{1}{3} = 2\frac{1}{3}$

4번 학생

2번 학생

3번 학생

4번 학생

## 7) (자연수) - (분수) (교과서 20~21쪽)

가) 활동 내용

❶ '$2 - \frac{3}{4}$' 1번 보드판에 쓴다.

❷ 1모형 2개를 2번 보드판에 놓는다.

❸ 2번 보드판 1모형을 분수모형 $\frac{1}{4}$ 4개로 교환하여 3개를 3번 보드판에 놓는다.

❹ 2번 보드판의 남은 모형을 4번 보드판에 옮겨 놓고 뺄셈식을 완성한다.

나) 활동 결과

| $2 - \frac{3}{4}$ | $2 - \frac{3}{4} = 1\frac{1}{4}$ |
|---|---|
| 1번 학생 | 4번 학생 |

2번 학생

3번 학생 4번 학생

## 8) 받아내림이 있는 (대분수) - (대분수) (교과서 22~23쪽)

### 가) 활동 내용

❶ '$3\frac{1}{4}-1\frac{2}{4}$' 1번 보드판에 쓴다.

❷ 1모형 3개와 분수모형 $\frac{1}{4}$ 1개를 2번 보드판에 놓는다.

❸ 1모형 1개와 1모형을 분수모형 $\frac{1}{4}$ 4개로 교환하여 2개를 3번 보드판에 놓는다.

❹ 2번 보드판의 남은 모형을 4번 보드판에 옮겨 놓고 뺄셈식을 완성한다.

나) 활동 결과

$3\frac{1}{4} - 1\frac{2}{4}$

1번 학생

$3\frac{1}{4} - 1\frac{2}{4} = 1\frac{3}{4}$

4번 학생

2번 학생

3번 학생

4번 학생

## 라. 성취기준별 활동 내용 (5학년 1학기)

| 학년 | 학기 | 단원 | 단원명 | 성취기준 |
|---|---|---|---|---|
| 5 | 1 | 4 | 약분과 통분 | [6수 01 - 05]<br>분수의 성질을 이용하여 크기가 같은 분수를 만들 수 있다. |
| | | | | [6수 01 - 06]<br>분수를 약분, 통분할 수 있다. |
| | | | | [6수 01 - 07]<br>분모가 다른 분수의 크기를 비교할 수 있다. |
| | | | | [6수 01 - 12]<br>분수와 소수의 관계를 이해하고 크기를 비교할 수 있다. |

### 1) 크기가 같은 분수 1 (교과서 66~67쪽)

가) 활동 내용

❶ '$\frac{1}{3}$과 $\frac{3}{9}$의 크기를 비교하세요.' 1번 보드판에 쓴다.

❷ 분수모형 $\frac{1}{3}$ 1개를 2번 보드판에 놓는다.

❸ 분수모형 $\frac{1}{9}$ 3개를 3번 보드판에 놓는다.

❹ 2번, 3번 보드판의 분수 크기를 비교하고 '$\frac{1}{3} = \frac{3}{9}$' 4번 보드판에 쓴다.

나) 활동 결과

$\frac{1}{3}$과 $\frac{3}{9}$ 크기를 비교하세요.

1번 학생

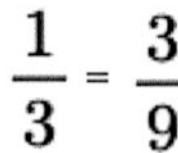

4번 학생

2번 학생

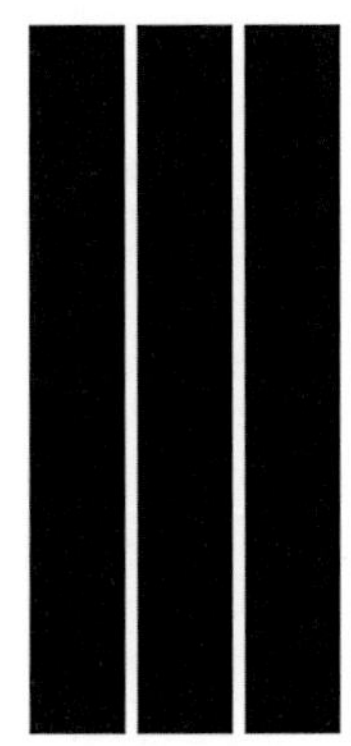

3번 학생

## 2) 크기가 같은 분수 2 (교과서 68~69쪽)

가) 활동 내용

❶ '$\frac{1}{2}$과 크기가 같은 분수를 찾으세요.' 1번 보드판에 쓴다.

❷ ❸ 분수모형 $\frac{1}{2}$을 2번, 3번 보드판에 놓고 크기가 같은 분수를 찾는다.

❹ 2번, 3번 학생이 찾은 크기가 같은 분수를 4번 보드판에 쓴다.

나) 활동 결과

$\frac{1}{2}$과 크기가 같은 분수를 찾으세요.

1번 학생

$$\frac{1}{2}=\frac{2}{4}=\frac{3}{6}=\frac{4}{8}=\frac{5}{10}$$

4번 학생

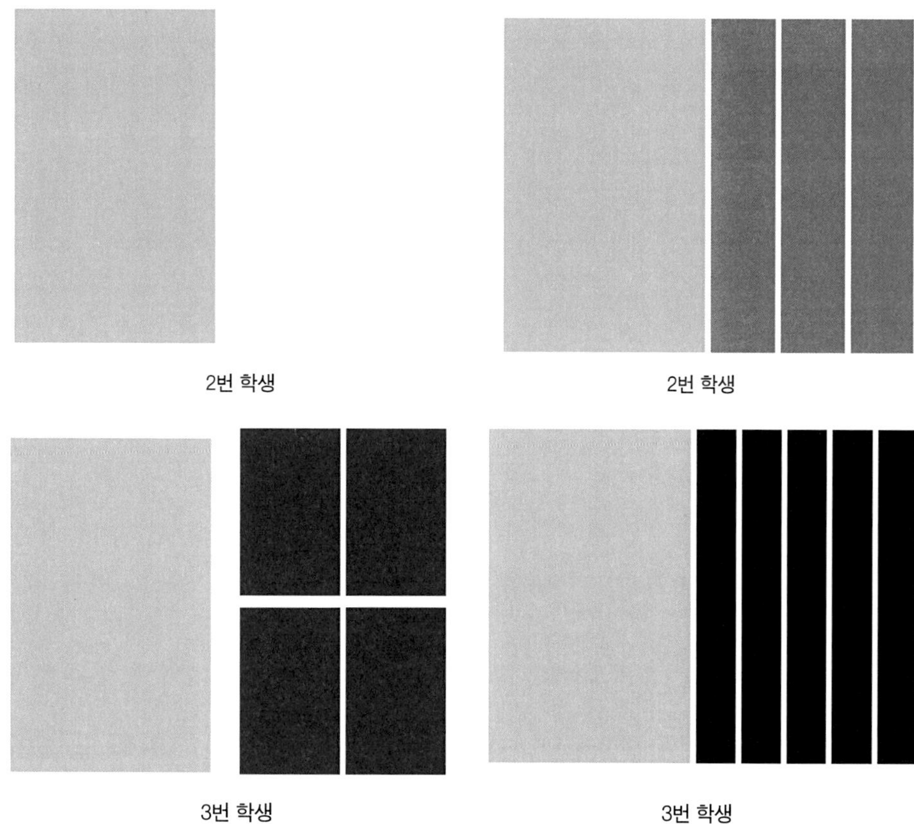


### 3) 분수 약분하기 (교과서 70~71쪽)

가) 활동 내용

❶ '분수 $\frac{8}{12}$을 약분하시오.' 1번 보드판에 쓴다.

❷ '$\frac{8}{12}=\frac{8\div2}{12\div2}=\frac{4}{6}$' 2번 보드판에서 계산한다.

❸ '$\frac{8}{12}=\frac{8\div4}{12\div4}=\frac{2}{3}$' 3번 보드판에서 계산한다.

❹ '$\frac{8}{12}=\frac{4}{6}=\frac{2}{3}$' 4번 보드판에 쓴다.

나) 활동 결과

$\frac{8}{12}$을 약분하시오.

1번 학생

$\frac{8}{12}=\frac{4}{6}=\frac{2}{3}$

4번 학생

$\frac{8}{12}=\frac{8\div2}{12\div2}=\frac{4}{6}$

2번 학생

$\frac{8}{12}=\frac{8\div4}{12\div4}=\frac{2}{3}$

3번 학생

## 4) 분수 통분하기 (교과서 72~73쪽)

가) 활동 내용

❶ '$\frac{2}{3}$, $\frac{3}{4}$를 분모가 같은 분수 2개를 찾으세요.' 1번 보드판에 쓴다.

❷ $\frac{2}{3}$와 크기가 같은 분수 '$\frac{2}{3}=\frac{4}{6}=\frac{6}{9}=\frac{8}{12}=\frac{10}{15}=\frac{14}{21}=\frac{16}{24}$' 2번 보드판에 쓴다.

❸ $\frac{3}{4}$과 크기가 같은 분수 '$\frac{3}{4}=\frac{6}{8}=\frac{9}{12}=\frac{12}{16}=\frac{15}{20}=\frac{18}{24}$' 3번 보드판에 쓴다.,

❹ '($\frac{2}{3}$, $\frac{3}{4}$) ⇒ ($\frac{8}{12}$, $\frac{9}{12}$), ($\frac{16}{24}$, $\frac{18}{24}$)' 4번 보드판에 쓴다.

나) 활동 결과

$\frac{2}{3}$, $\frac{3}{4}$를 분모가 같은 분수 2개를 찾으세요.

1번 학생

($\frac{2}{3}$, $\frac{3}{4}$) ⇒ ($\frac{8}{12}$, $\frac{9}{12}$), ($\frac{16}{24}$, $\frac{18}{24}$)

4번 학생

$\frac{2}{3}=\frac{4}{6}=\frac{6}{9}=\frac{8}{12}=\frac{10}{15}=\frac{14}{21}=\frac{16}{24}$

2번 학생

$\frac{3}{4}=\frac{6}{8}=\frac{9}{12}=\frac{12}{16}=\frac{15}{20}=\frac{18}{24}$

3번 학생

## 5) 분수 크기 비교하기 (교과서 74~75쪽)

가) 활동 내용

❶ '$\frac{5}{9}$, $\frac{7}{12}$ 크기를 비교하세요.' 1번 보드판에 쓴다.

❷ '$\frac{5}{9} = \frac{10}{18} = \frac{15}{27} = \frac{20}{36}$' 2번 보드판에 쓴다.

❸ '$\frac{7}{12} = \frac{14}{24} = \frac{21}{36}$' 3번 보드판에 쓴다.

❹ '$(\frac{20}{36} < \frac{21}{36}) \Rightarrow (\frac{5}{9} < \frac{7}{12})$' 4번 보드판에 쓴다.

나) 활동 결과

$\frac{5}{9}$, $\frac{7}{12}$ 크기를 비교하세요.

1번 학생

$(\frac{20}{36} < \frac{21}{36}) \Rightarrow (\frac{5}{9} < \frac{7}{12})$

4번 학생

$\frac{5}{9} = \frac{10}{18} = \frac{15}{27} = \frac{20}{36}$

2번 학생

$\frac{7}{12} = \frac{14}{24} = \frac{21}{36}$

3번 학생

## 6) 분수와 소수 크기 비교하기 (교과서 76~77쪽)

가) 활동 내용

❶ '$\frac{2}{5}$, 0.5 크기를 비교하세요.' 1번 보드판에 쓴다.

❷ '$\frac{2}{5} = \frac{4}{10}$, $0.5 = \frac{5}{10}$ $(\frac{4}{10} < \frac{5}{10})$' 2번 보드판에 쓴다.

❸ '$\frac{2}{5} = \frac{4}{10} = 0.4$, $(0.4 < 0.5)$' 3번 보드판에 쓴다.

❹ '$(\frac{4}{10} < \frac{5}{10})$, $(0.4 < 0.5) \Rightarrow (\frac{2}{5} < 0.5)$' 4번 보드판에 쓴다.

나) 활동 결과

$\frac{2}{5}$, 0.5 크기를 비교하세요.

1번 학생

$(\frac{4}{10} < \frac{5}{10})$, $(0.4 < 0.5)$

$\Rightarrow \frac{2}{5} < 0.5$

4번 학생

$\frac{2}{5} = \frac{4}{10}$, $0.5 = \frac{5}{10}$

$(\frac{4}{10} < \frac{5}{10})$

2번 학생

$\frac{2}{5} = \frac{4}{10} = 0.4$, $(0.4 < 0.5)$

3번 학생

## 마. 성취기준별 활동 내용 (5학년 1학기)

| 학년 | 학기 | 단원 | 단원명 | 성취기준 |
|---|---|---|---|---|
| 5 | 1 | 5 | 분수의<br>덧셈과 뺄셈 | [6수 01 - 08]<br>분모가 다른 분수의 덧셈과 뺄셈의 계산 원리를 이해하고, 그 계산을 할 수 있다. |

### 1) 분모가 다른 (진분수) + (진분수) (교과서 86~87쪽)

가) 활동 내용

❶ '$\frac{1}{2}+\frac{1}{4}$' 1번 보드판에 쓴다.

❷ 분수모형 $\frac{1}{2}$ 1개를 2번 보드판에 놓는다.

❸ 분수모형 $\frac{1}{4}$ 1개를 3번 보드판에 놓는다.

❹ 분수모형 $\frac{1}{2}$을 $\frac{1}{4}$ 2개로 교환하여 덧셈식을 완성한다.

나) 활동 결과

$\frac{1}{2}+\frac{1}{4}$

1번 학생

$\frac{1}{2}+\frac{1}{4}=\frac{3}{4}$

4번 학생

2번 학생 3번 학생 4번 학생

## 2) 받아올림이 있는 분모가 다른 (진분수) + (진분수) (교과서 88~89쪽)

가) 활동 내용

❶ '$\frac{1}{3}+\frac{4}{5}$' 1번 보드판에 쓴다.

❷ $\frac{1}{3}$과 $\frac{1}{5}$과 크기 비교를 할 수 있는 분수가 $\frac{1}{15}$임을 찾는다.

❸ $\frac{1}{3}=\frac{5}{15}$, $\frac{4}{5}=\frac{12}{15}$임을 찾는다.

❹ '$\frac{5}{15}+\frac{12}{15}=\frac{17}{15}=1\frac{2}{15}$' 4번 보드판에 완성한다.

나) 활동 결과

$\frac{1}{3}+\frac{4}{5}$

1번 학생

$\frac{1}{3}+\frac{4}{5}=\frac{5}{15}+\frac{12}{15}=\frac{17}{15}=1\frac{2}{15}$

4번 학생

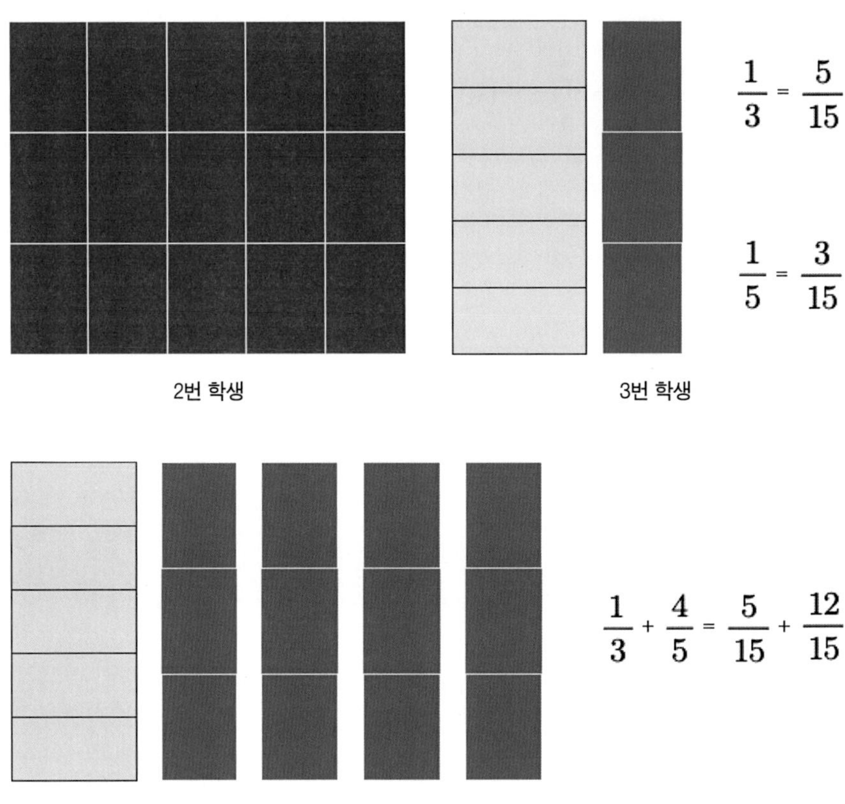


### 3) 받아올림이 있는 분모가 다른 (대분수) + (대분수) (교과서 90~93쪽)

가) 활동 내용

❶ '$1\frac{3}{5} + 1\frac{1}{2}$' 1번 보드판에 쓴다.

❷ 크기 같은 분수 $\frac{1}{5} = \frac{2}{10}$과 $\frac{1}{2} = \frac{5}{10}$ 임을 찾는다.

❸ $1\frac{3}{5} = 1\frac{6}{10}$, $1\frac{1}{2} = 1\frac{5}{10}$임을 찾는다.

❹ '$1\frac{3}{5} + 1\frac{1}{2} = 1\frac{6}{10} + 1\frac{5}{10} = 2\frac{11}{10} = 3\frac{1}{10}$' 식을 완성한다.

나) 활동 결과

$1\frac{3}{5}+1\frac{1}{2}$

1번 학생

$1\frac{3}{5}+1\frac{1}{2}=1\frac{6}{10}+1\frac{5}{10}=2\frac{11}{10}=3\frac{1}{10}$

4번 학생

$\frac{1}{5}=\frac{2}{10}$

$\frac{1}{2}=\frac{5}{10}$

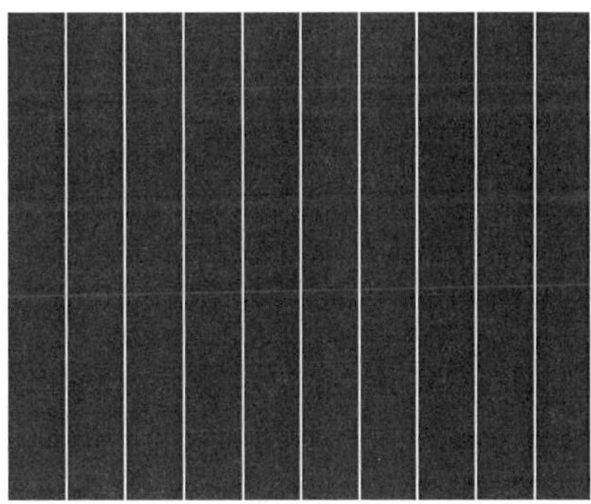

2번 학생

2번 학생

$1\frac{3}{5}=1\frac{6}{10}$

$1\frac{1}{2}=1\frac{5}{10}$

3번 학생

## 4) 받아내림이 없는 분모가 다른 (진분수) - (진분수) (교과서 94~95쪽)

가) 활동 내용

❶ '$\frac{3}{4}$ - $\frac{1}{2}$' 1번 보드판에 쓴다.

❷ 분수모형 $\frac{1}{4}$ 3개를 2번 보드판에 놓는다.

❸ 분수모형 $\frac{1}{2}$ 1개를 3번 보드판에 놓는다. 그리고 $\frac{1}{2}$과 크기가 같은 $\frac{1}{4}$ 2개를 교환하여 3번 보드판에 놓는다.

❹ 분수모형 $\frac{1}{4}$ 3개 중 2개를 덜어내고 남은 것을 세어 뺄셈식을 완성한다.

나) 활동 결과

$$\frac{3}{4} - \frac{1}{2}$$

1번 학생

$$\frac{3}{4} - \frac{1}{2} = \frac{3}{4} - \frac{2}{4} = \frac{1}{4}$$

4번 학생

2번 학생 3번 학생 4번 학생

## 5) 받아내림이 없는 분모가 다른 (대분수) - (대분수) (교과서 96~97쪽)

가) 활동 내용

❶ '$1\frac{1}{3}$ - $1\frac{1}{4}$' 1번 보드판에 쓴다.

❷ 1모형 1개와 분수모형 $\frac{1}{3}$ 1개를 2번 보드판에 놓는다.

❸ 크기가 같은 분수 $\frac{1}{3} = \frac{4}{12}$ 과 $\frac{1}{4} = \frac{3}{12}$를 찾는다.

❹ '$1\frac{1}{3} - 1\frac{1}{4} = 1\frac{4}{12} - 1\frac{3}{12} = \frac{1}{12}$' 식을 완성한다.

나) 활동 결과

$$1\frac{1}{3} - 1\frac{1}{4}$$

1번 학생

$$1\frac{1}{3} - 1\frac{1}{4} = 1\frac{4}{12} - 1\frac{3}{12} = \frac{1}{12}$$

4번 학생

2번 학생

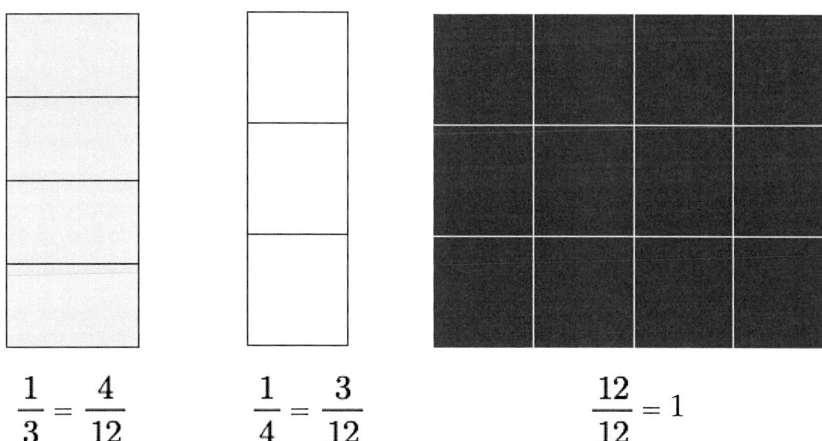

$\frac{1}{3} = \frac{4}{12}$ $\frac{1}{4} = \frac{3}{12}$ $\frac{12}{12} = 1$

3번 학생

## 6) 받아 내림이 있는 분모가 다른 (대분수) - (대분수) (교과서 98~101쪽)

가) 활동 내용

❶ '$2\frac{1}{4} - 1\frac{1}{2}$' 1번 보드판에 쓴다.

❷ 1모형 2개와 분수모형 $\frac{1}{4}$ 1개를 2번 보드판에 놓는다.

❸ 1 모형을 $\frac{1}{4}$ 4개, $\frac{1}{2}$은 $\frac{1}{4}$ 2개로 교환하여 1모형 1개와 $\frac{1}{4}$ 2개를 3번 보드판에 덜어낸다.

❹ 2번 보드판에 남은 것을 4번 보드판에 옮겨 놓고 빼셈식을 완성한다.

나) 활동 결과

$$2\frac{1}{4} - 1\frac{1}{2}$$

1번 학생

$$2\frac{1}{4} - 1\frac{1}{2} = 1\frac{5}{4} - 1\frac{2}{4}$$
$$= \frac{3}{4}$$

4번 학생

2번 학생

3번 학생

4번 학생

## 바. 성취기준별 활동 내용 (5학년 2학기)

| 학년 | 학기 | 단원 | 단원명 | 성취기준 |
|---|---|---|---|---|
| 5 | 2 | 2 | 분수의 곱셈 | [6수 01 - 09]<br>분수의 곱셈의 계산 원리를 이해하고, 그 계산을 할 수 있다. |

### 1) (분수) × (자연수) (교과서 32~35쪽)

가) 활동 내용

❶ '$\frac{1}{4} \times 2$' 1번 보드판에 쓴다.

❷ 분수모형 $\frac{1}{4}$ 2개를 2번 보드판에 놓는다.

❸ '$\frac{1}{4} + \frac{1}{4} = \frac{2}{4}$' 3번 보드판에 덧셈식을 쓴다.

❹ '$\frac{1}{4} \times 2 = \frac{2}{4}$' 4번 보드판에 곱셈식을 쓴다.

나) 활동 결과

$$\frac{1}{4} \times 2$$

1번 학생

$$\frac{1}{4} \times 2 = \frac{2}{4}$$

4번 학생

$$\frac{1}{4} + \frac{1}{4} = \frac{2}{4}$$

2번 학생

3번 학생

## 2) (자연수) × (분수) (교과서 36~39쪽)

가) 활동 내용

❶ '$6 \times \frac{1}{3}$' 1번 보드판에 쓴다.

❷ 수모형 6개를 3묶음으로 한다.

❸ '6 ÷ 3 × 1 = 2' 3번 보드판에 쓴다.

❹ '$6 \times \frac{1}{3} = \frac{6}{3} = 2$' 4번 보드판에 곱셈식을 쓴다.

나) 활동 결과

$$6 \times \frac{1}{3}$$

1번 학생

$$6 \times \frac{1}{3} = \frac{6}{3} = 2$$

4번 학생

2번 학생

$$6 \div 3 \times 1 = 2$$

3번 학생

### 3) (진분수) × (진분수) (교과서 40~43쪽)

가) 활동 내용

❶ '$\frac{1}{5} \times \frac{1}{3}$' 1번 보드판에 쓴다.

❷ 분수모형 $\frac{1}{5}$ 1개를 2번 보드판에 놓는다.

❸ 분수모형 $\frac{1}{5}$을 3등분한 것 중 1개의 크기를 찾는다.

❹ '$\frac{1}{5} \times \frac{1}{3} = \frac{1\times1}{5\times3} = \frac{1}{15}$' 4번 보드판에 곱셈식을 쓴다.

나) 활동 결과

$$\frac{1}{5} \times \frac{1}{3}$$

1번 학생

$$\frac{1}{5} \times \frac{1}{3} = \frac{1\times1}{5\times3} = \frac{1}{15}$$

4번 학생

$$\frac{1}{5}$$

2번 학생

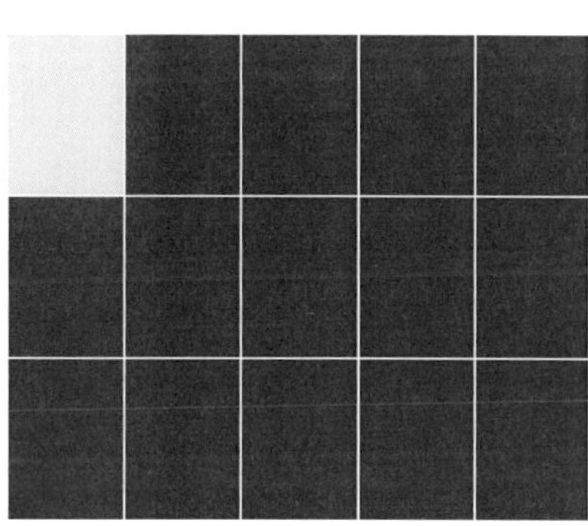

$$\frac{1}{5} \times \frac{1}{3}$$

$$\frac{15}{15} = 1$$

3번 학생

### 4) (대분수) × (대분수) (교과서 44~45쪽)

가) 활동 내용

❶ '$2\frac{2}{3} \times 1\frac{1}{4}$' 1번 보드판에 쓴다.

❷ 1모형 2개, 분수모형 $\frac{1}{3}$ 2개를 2번 보드판에 놓는다.

❸ '$(2\frac{2}{3} \times 1) + (2\frac{2}{3} \times \frac{1}{4})$'로 계산한다.

❹ '$2\frac{2}{3} \times 1\frac{1}{4} = \frac{8}{3} \times \frac{5}{4} = \frac{8 \times 5}{3 \times 4} = \frac{10}{3} = 3\frac{1}{3}$'을 계산한다.

나) 활동 결과

$$2\frac{2}{3} \times 1\frac{1}{4}$$

1번 학생

$$2\frac{2}{3} \times 1\frac{1}{4} = \frac{8}{3} \times \frac{5}{4} = \frac{8 \times 5}{3 \times 4} = \frac{10}{3} = 3\frac{1}{3}$$

4번 학생

$$2\frac{2}{3}$$

2번 학생

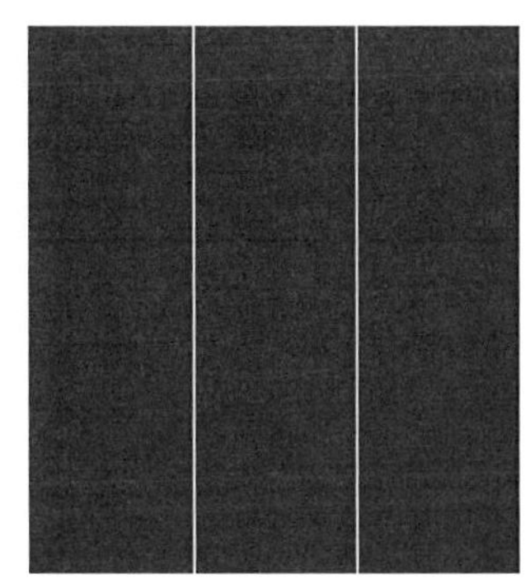

$$2 \times \frac{1}{4} = \frac{2}{4} = \frac{1}{2} = \frac{3}{6}$$

3번 학생

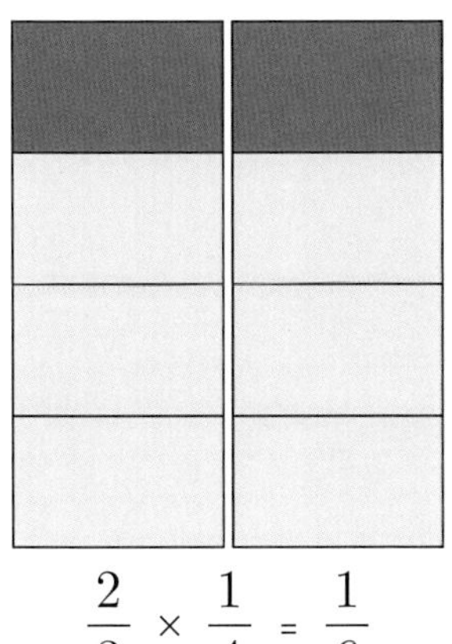

$$\frac{2}{3} \times \frac{1}{4} = \frac{1}{6}$$

$$\frac{3}{6} + \frac{1}{6} = \frac{4}{6} = \frac{2}{3}$$

$$2\frac{2}{3} + \frac{2}{3} = 2\frac{4}{3} = 3\frac{1}{3}$$

3번 학생

## 사. 성취기준별 활동 내용 (5학년 2학기)

| 학년 | 학기 | 단원 | 단원명 | 성취기준 |
| --- | --- | --- | --- | --- |
| 5 | 2 | 4 | 소수의 곱셈 | [6수 01 - 13]<br>소수의 곱셈의 계산 원리를 이해한다. |
| | | | | [6수 01 - 16]<br>소수의 곱셈과 나눗셈의 계산 결과를 어림할 수 있다. |

## 1) (소수) × (자연수) 1 (교과서 78~79쪽)

### 가) 활동 내용

1. '0.2 × 6' 1번 보드판에 쓴다.
2. 소수모형 0.1 2개씩 6묶음을 2번 보드판에 놓는다.
3. '0.2 + 0.2 + 0.2 + 0.2 + 0.2 + 0.2 = 1.2' 덧셈식을 계산한다.
4. '0.2 × 6 = 1.2' 곱셈식을 계산한다.

### 나) 활동 결과

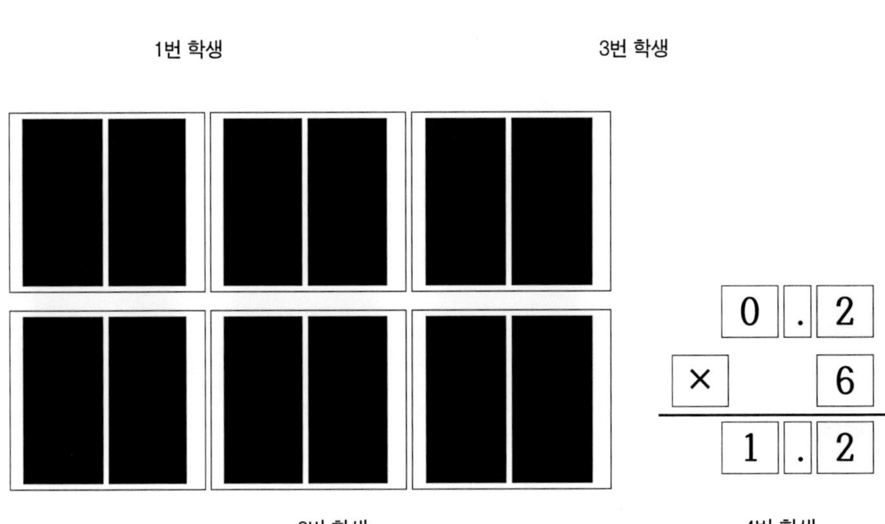


## 2) (소수) × (자연수) 2 (교과서 80~81쪽)

### 가) 활동 내용

1. '1.4 × 3' 1번 보드판에 쓴다.
2. 동전 모형 3개, 소수모형 0.1 12개를 3묶음으로 2번 보드판에 놓는다.
3. '1.4 + 1.4 + 1.4 = 4.2' 덧셈식을 계산한다.
4. '1.4 × 3 = 4.2' 곱셈식을 계산한다.

나) 활동 결과

$1.4 \times 3$

1번 학생

$1.4 + 1.4 + 1.4 = 4.2$

3번 학생

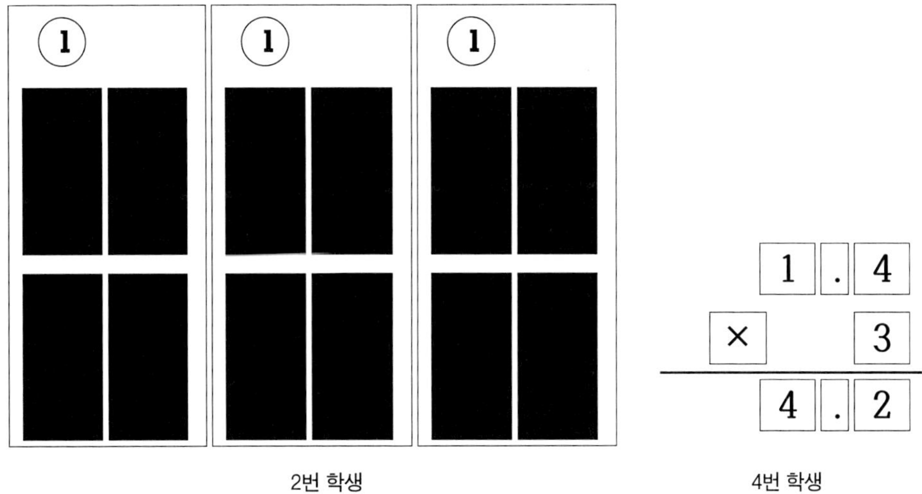


2번 학생

4번 학생

## 3) (자연수) × (소수) 1 (교과서 82~83쪽)

가) 활동 내용

❶ '$2 \times 0.6$' 1번 보드판에 쓴다.

❷ 1모형을 분수모형 $\frac{1}{10}$로 만들어 6개씩 2묶음을 세어본다

❸ '$2 \times 0.6 = 2 \times \frac{6}{10} = \frac{2}{1} \times \frac{6}{10} = \frac{2\times6}{1\times10} = \frac{12}{10} = 1.2$'를 계산한다.

❹ '$2 \times 0.6 = 1.2$' 곱셈식을 계산한다.

나) 활동 결과

$2 \times 0.6$

1번 학생

$$2 \times 0.6 = 2 \times \frac{6}{10} = \frac{2}{1} \times \frac{6}{10} = \frac{2\times6}{1\times10} = \frac{12}{10} = 1.2$$

3번 학생

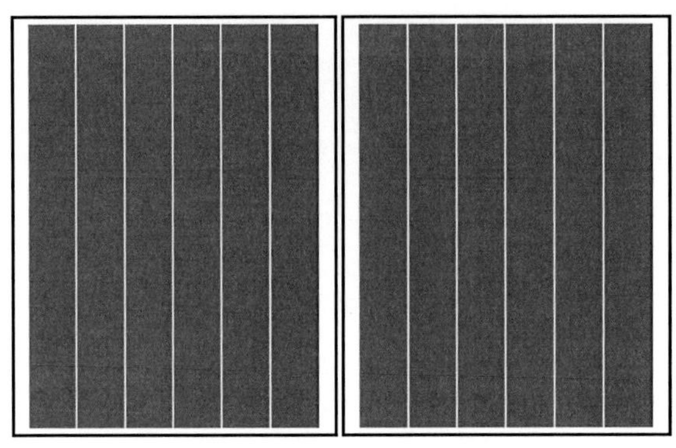

2번 학생

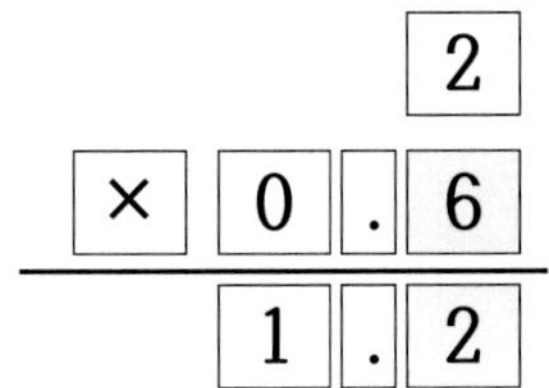


4번 학생

### 4) (자연수) × (소수) 2 (교과서 84~85쪽)

가) 활동 내용

❶ '5 × 2.5' 1번 보드판에 쓴다.

❷ '$5 \times 2.5 = \frac{5}{1} \times \frac{25}{10} = \frac{5 \times 25}{1 \times 10} = \frac{125}{10} = 12.5$' 계산한다.

❸ '5 × 2.5 = (5 × 2) + (5 × 0.5) = 10 + 2.5 = 12.5' 곱셈식을 나누어 계산한다.

❹ '5 × 2.5 = 12.5' 곱셈식을 계산한다.

나) 활동 결과

$5 \times 2.5$

1번 학생

$$5 \times 2.5 = \frac{5}{1} \times \frac{25}{10} = \frac{5 \times 25}{1 \times 10} = \frac{125}{10} = 12.5$$

2번 학생

$$5 \times 2.5 = (5 \times 2) + (5 \times 0.5) = 10 + 2.5 = 12.5$$

3번 학생

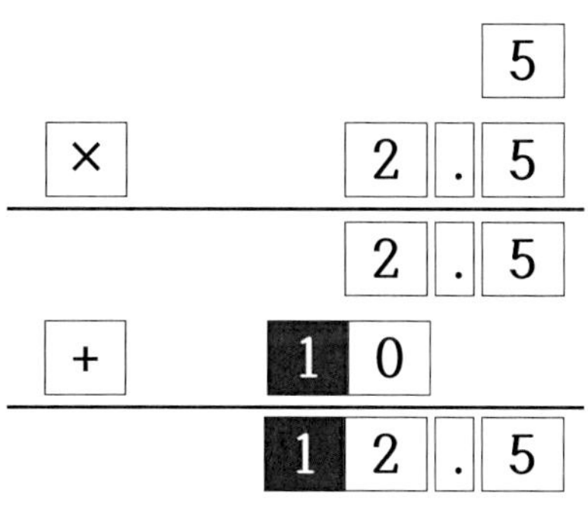

4번 학생

## 5) (소수) × (소수) 1 (교과서 86~87쪽)

### 가) 활동 내용

❶ '0.8 × 0.9' 1번 보드판에 쓴다.

❷ '$0.8 \times 0.9 = \frac{8}{10} \times \frac{9}{10} = \frac{8 \times 9}{10 \times 10} = \frac{72}{100} = 0.72$' 계산한다.

❸ 1모형을 가로 0.9, 세로 0.8의 모형 수를 세어 본다.

❹ '0.8 × 0.9 = 0.72' 곱셈식을 계산한다.

### 나) 활동 결과

$$0.8 \times 0.9$$

1번 학생

$$0.8 \times 0.9 = \frac{8}{10} \times \frac{9}{10} = \frac{8 \times 9}{10 \times 10}$$
$$= \frac{72}{100} = 0.72$$

2번 학생

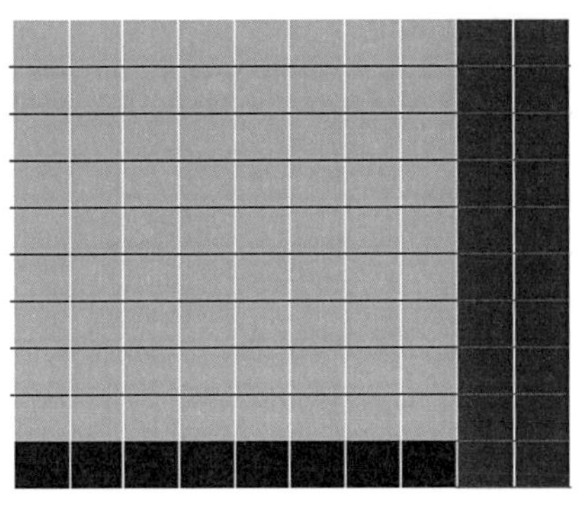

3번 학생

$$\begin{array}{r} 0.8 \\ \times\ 0.9 \\ \hline 0.72 \end{array}$$

4번 학생

## 6) (소수) × (소수) 2 (교과서 88~89쪽)

### 가) 활동 내용

❶ '1.5 × 1.2' 1번 보드판에 쓴다.

❷ '$1.5 \times 1.2 = \frac{15}{10} \times \frac{12}{10} = \frac{15 \times 12}{10 \times 10} = \frac{180}{100} = 1.8$' 계산한다.

❸ '1.5 × 1.2 = (1.5 × 1) + (1.5 × 0.2) = 1.5 + 0.3 = 1.8' 곱셈식을 나누어 계산한다.

❹ '1.5 × 1.2 = 1.8' 곱셈식을 계산한다.

### 나) 활동 결과

$$1.5 \times 1.2$$

1번 학생

$$1.5 \times 1.2 = \frac{15}{10} \times \frac{12}{10} = \frac{15 \times 12}{10 \times 10}$$
$$= \frac{180}{100} = 1.8$$

2번 학생

$$1.5 \times 1.2 = (1.5 \times 1) + (1.5 \times 0.2) = 1.5 + 0.3$$
$$= 1.8$$

3번 학생

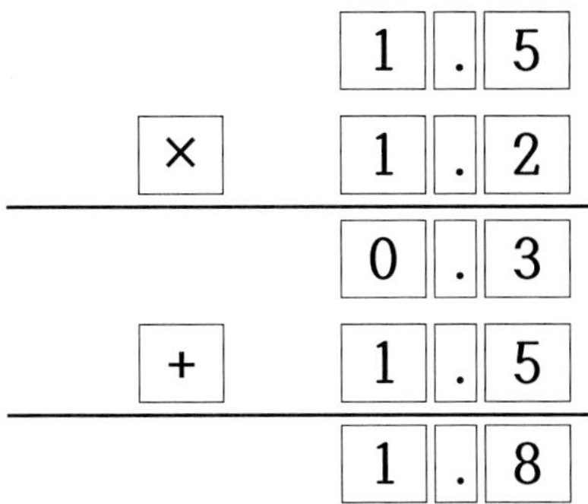

4번 학생

## 7) 소수점 위치 규칙 (교과서 90~91쪽)

### 가) 활동 내용

❶ '3.27 × 1 = 3.27을 이용해서 소수점 규칙을 찾으세요.' 1번 보드판에 쓴다.

❷ '3.27 × 10, 3.27 × 100, 3.27 × 1000'을 계산한다.

❸ '3.27 × 0.1, 3.27 × 0.01, 3.27 × 0.001'을 계산한다.

❹ 소수점 위치 규칙을 4번 보드판에 쓴다.

### 나) 활동 결과

3.27 × 1 = 3.27을 이용해서 소수점 규칙을 찾으세요.

1번 학생

3.27 × 10 = 32.7

3.27 × 100 = 327

3.27 × 1000 = 3270

2번 학생

3.27 × 0.1 = 0.327

3.27 × 0.01 = 0.0327

3.27 × 0.001 = 0.00327

3번 학생

곱하는 수가 10씩 커지면 소수점이 오른쪽으로 이동하고 0.1씩 작아지면 왼쪽으로 이동한다.

4번 학생

# 아. 성취기준별 활동 내용 (6학년 1학기)

| 학년 | 학기 | 단원 | 단원명 | 성취기준 |
|---|---|---|---|---|
| 6 | 1 | 1 | 분수의 나눗셈 | [6수 01 - 10]<br>(자연수) ÷ (자연수)에서 나눗셈의 몫을 분수로 나타낼 수 있다. |
| | | | | [6수 01 - 11]<br>분수의 나눗셈의 계산 원리를 이해하고, 그 계산을 할 수 있다. |

## 1) (자연수) ÷ (자연수) 1 (교과서 10~11쪽)

### 가) 활동 내용

❶ '1 ÷ 3' 1번 보드판에 쓴다.

❷ 1모형 1개를 2번 보드판에 놓는다.

❸ 1모형을 3등분한 것을 3번 보드판에 놓는다.

❹ '$1 \div 3 = \frac{1}{3}$' 식을 완성한다.

### 나) 활동 결과

$1 \div 3$

1번 학생

$1 \div 3 = \frac{1}{3}$

4번 학생

2번 학생

3번 학생

## 2) (자연수) ÷ (자연수) 2 (교과서 12~13쪽)

가) 활동 내용

❶ '5 ÷ 4' 1번 보드판에 쓴다.

❷ 1모형 5개를 2번 보드판에 놓는다.

❸ 1모형을 5개를 4등분하여 3번 보드판에 놓는다.

❹ '$5 \div 4 = \frac{5}{4} = 1\frac{1}{4}$' 식을 완성한다.

나) 활동 결과

$5 \div 4$

1번 학생

$5 \div 4 = \frac{5}{4} = 1\frac{1}{4}$

4번 학생

2번 학생

3번 학생

## 3) (분수) ÷ (자연수) 1 (교과서 14~15쪽)

### 가) 활동 내용

❶ '$\frac{6}{8} \div 3$' 1번 보드판에 쓴다.

❷ 분수모형 $\frac{1}{8}$ 6개를 3묶음으로 만든다.

❸ '$\frac{6}{8} - \frac{2}{8} - \frac{2}{8} - \frac{2}{8} = 0$' 식을 완성한다.

❹ '$\frac{6}{8} \div 3 = \frac{2}{8}$' 식을 완성한다.

나) 활동 결과

$\frac{6}{8} \div 3$

1번 학생

$\frac{6}{8} \div 3 = \frac{2}{8}$

4번 학생

2번 학생

$\frac{6}{8} - \frac{2}{8} - \frac{2}{8} - \frac{2}{8} = 0$

3번 학생

## 4) (분수) ÷ (자연수) 2 (교과서 16~17쪽)

가) 활동 내용

❶ '$\frac{2}{3} \div 4$' 1번 보드판에 쓴다.

❷ 분수모형 $\frac{1}{3}$ 2개를 2번 보드판에 놓고 4등분으로 만든다.

❸ '$\frac{2}{3} = \frac{4}{6}$, $\frac{4}{6} - \frac{1}{6} - \frac{1}{6} - \frac{1}{6} - \frac{1}{6} = 0$' 식을 완성한다.

❹ '$\frac{2}{3} \div 4 = \frac{1}{6}$' 식을 완성한다.

나) 활동 결과

$\frac{2}{3} \div 4$

1번 학생

$\frac{2}{3} \div 4 = \frac{1}{6}$

4번 학생

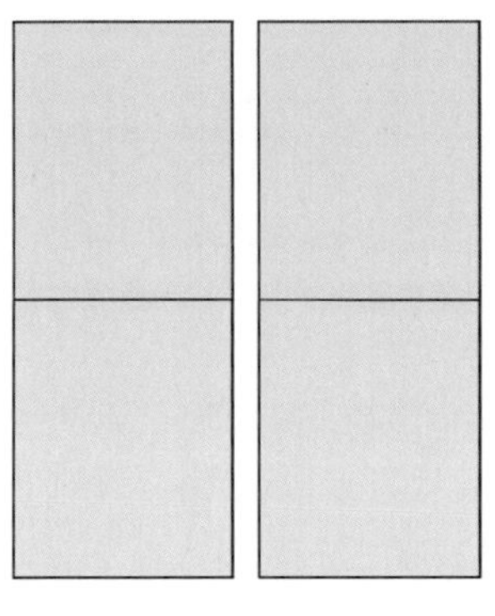

2번 학생

$$\frac{2}{3} = \frac{4}{6}$$

$$\frac{4}{6} - \frac{1}{6} - \frac{1}{6} - \frac{1}{6} - \frac{1}{6} = 0$$

3번 학생

## 5) (대분수) ÷ (자연수) (교과서 18~19쪽)

가) 활동 내용

❶ '$4\frac{1}{3} \div 2$' 1번 보드판에 쓴다.

❷ 1모형 4개와 분수모형 $\frac{1}{3}$ 1개를 2번 보드판에 놓는다.

❸ 1모형 4개와 $\frac{1}{3} = \frac{2}{6}$이므로 $\frac{1}{6}$ 2개로 교환하여 2묶음으로 한다.

❹ '$4\frac{1}{3} \div 2 = 2\frac{1}{6}$' 식을 완성한다.

나) 활동 결과

$$4\frac{1}{3} \div 2$$

1번 학생

$$4\frac{1}{3} \div 2 = 2\frac{1}{6}$$

4번 학생

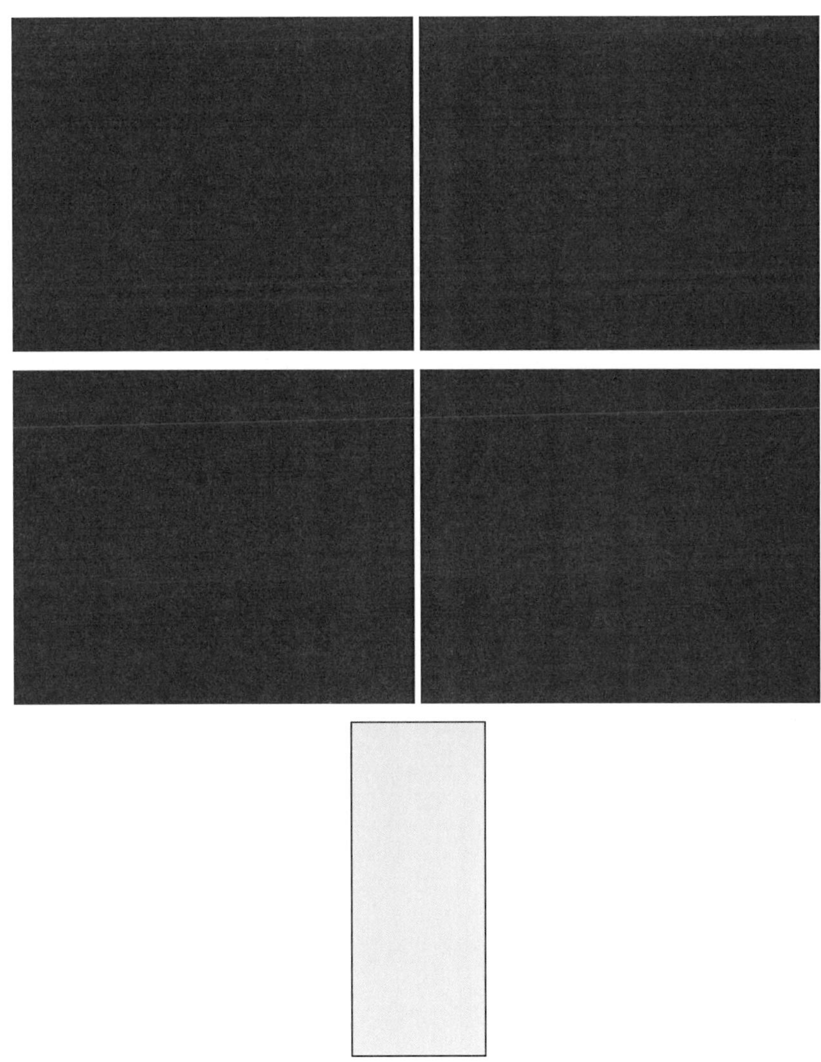

2번 학생

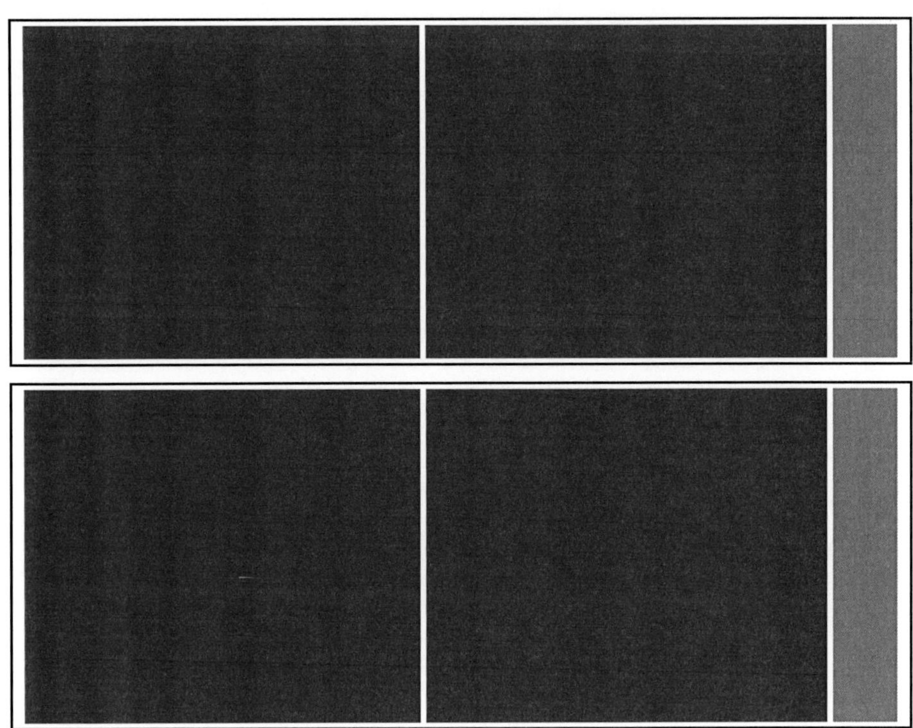

$$4\frac{1}{3} - 2\frac{1}{6} - 2\frac{1}{6} = 0$$

3번 학생

## 자. 성취기준별 활동 내용 (6학년 1학기)

| 학년 | 학기 | 단원 | 단원명 | 성취기준 |
|---|---|---|---|---|
| 6 | 1 | 3 | 소수의 나눗셈 | [6수 01 - 14]<br>(자연수) ÷ (자연수), (소수) ÷ (자연수)에서 나눗셈의 몫을 소수로 나타낼 수 있다. |
| | | | | [6수 01 - 16]<br>소수의 곱셈과 나눗셈의 계산 결과를 어림할 수 있다. |

### 1) (소수) ÷ (자연수) 1 (교과서 50~53쪽)

#### 가) 활동내용

❶ '6.4 ÷ 2' 1번 보드판에 쓴다.

❷ 동전 모형 1원 6개와 0.1모형 4개를 2묶음으로 2번 보드판에 놓는다.

❸ 2번 보드판의 묶음을 보고 뺄셈식을 완성한다.

❹ '6.4 ÷ 2 = 3.2' 나눗셈식을 완성한다.

#### 나) 활동 결과

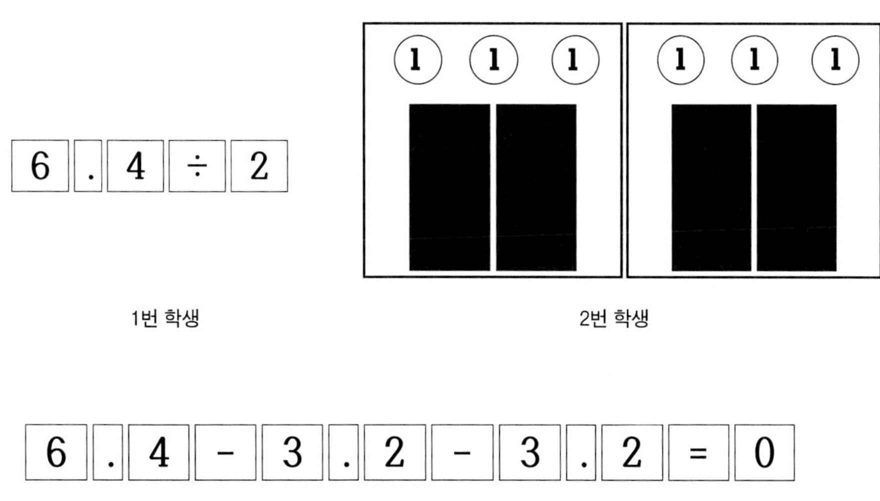


1번 학생 2번 학생

3번 학생

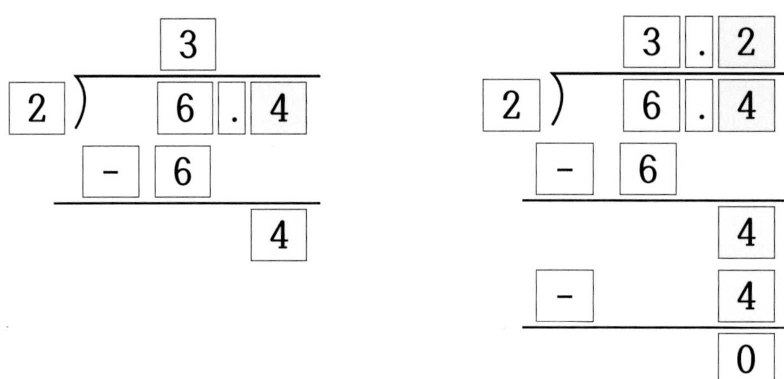


4번 학생

### 2) (소수) ÷ (자연수) 2 (교과서 54~55쪽)

가) 활동내용

❶ '15.24 ÷ 4' 1번 보드판에 쓴다.

❷ 동전 모형 10원 1개, 1원 5개, 소수모형 0.1 2개, 0.01 4개를 2번 보드판에 놓는다.

❸ 동전모형 10원은 1원 10개, 1원은 소수모형 0.1 10개로 교환하여 4묶음으로 나누고 뺄셈식을 완성한다.

❹ 15.24 ÷ 4 = 3.81 나눗셈식을 완성한다.

나) 활동 결과

1번 학생

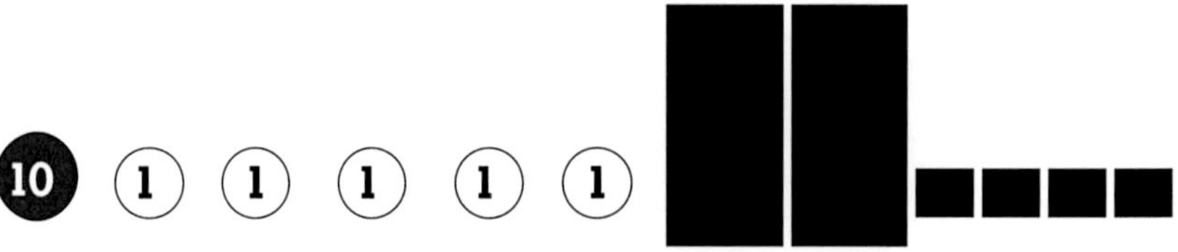


2번 학생

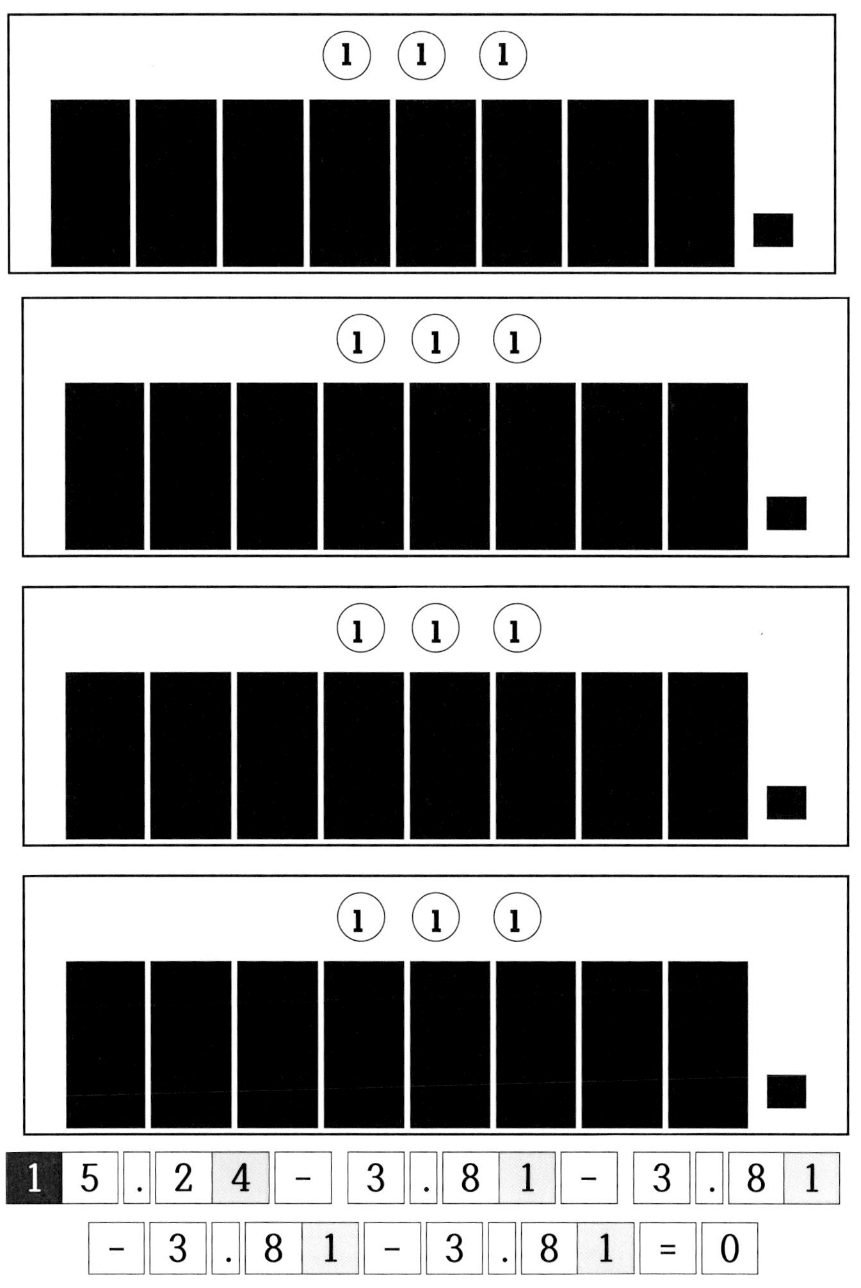


3번 학생

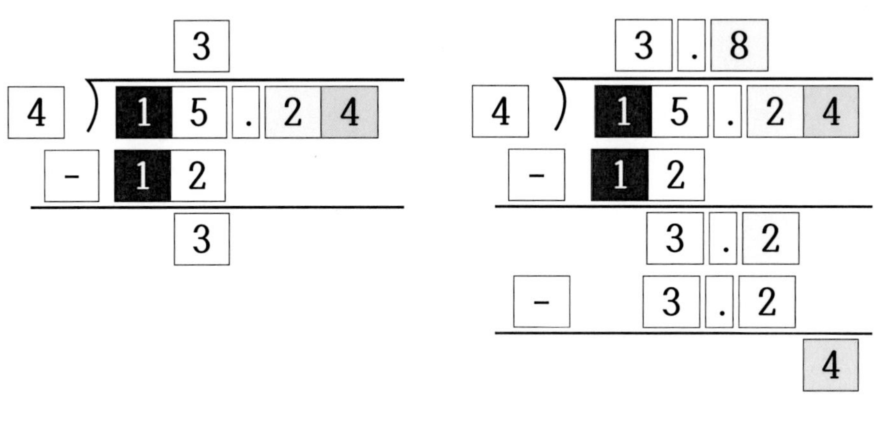


4번 학생 4번 학생

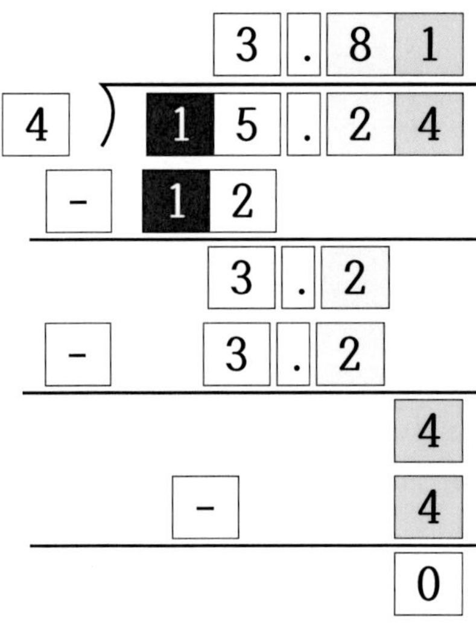


4번 학생

### 3) (소수) ÷ (자연수) 3 (교과서 56~57쪽)

가) 활동 내용

❶ '1.32 ÷ 2' 1번 보드판에 쓴다.

❷ 소수모형 0.1 12개, 0.01 12개를 2묶음으로 나누어 2번 보드판에 놓는다.

❸ '$1.32 \div 2 = \frac{132}{100} \div 2 = \frac{132 \div 2}{100} = \frac{66}{100} = 0.66$'을 분수로 바꾸어 식을 완성한다.

❹ '1.32 ÷ 2 = 0.66' 나눗셈식을 완성한다.

나) 활동 결과

1번 학생

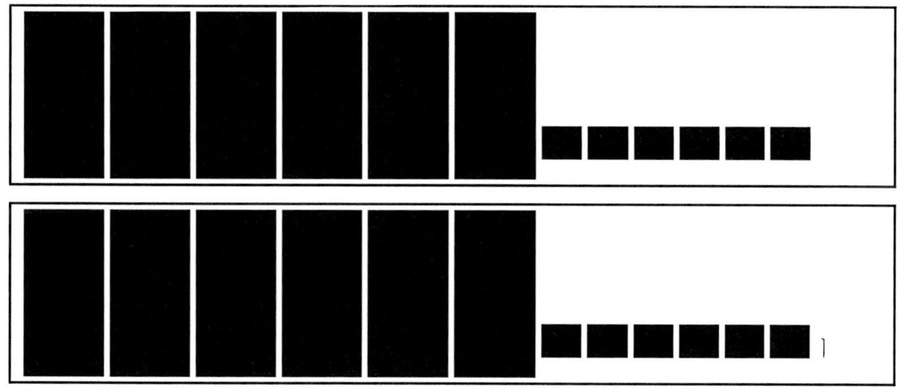

2번 학생

$$1.32 \div 2 = \frac{132}{100} \div 2$$

$$= \frac{132 \div 2}{100} = \frac{66}{100} = 0.66$$

3번 학생

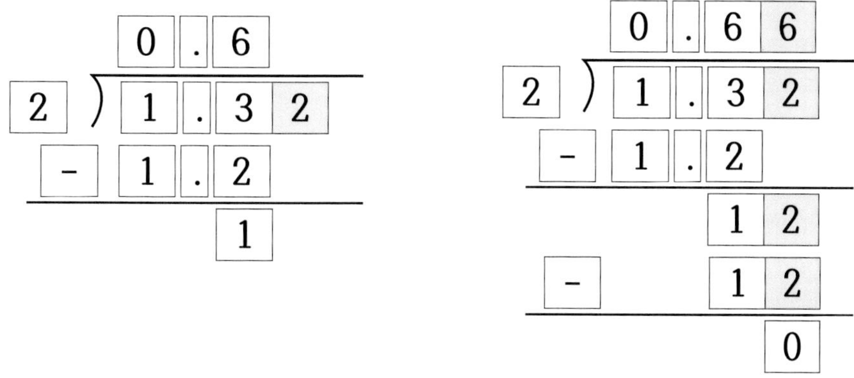

4번 학생 4번 학생

## 4) (소수) ÷ (자연수) 4 (교과서 58~59쪽)

### 가) 활동 내용

❶ '2.5 ÷ 2' 1번 보드판에 쓴다.

❷ 동전모형 1원 2개, 소수모형 0.1 4개, 0.01 10개를 2묶음으로 나누어 2번 보드판에 놓는다..

❸ '$2.5 \div 2 = \frac{250}{100} \div 2 = \frac{250 \div 2}{100} = \frac{125}{100} = 1.25$' 분수로 바꾸어 식을 완성한다.

❹ '2.5 ÷ 2 = 1.25' 나눗셈식을 완성한다.

### 나) 활동 결과

| 2 | . | 5 | ÷ | 2 |
|---|---|---|---|---|

1번 학생

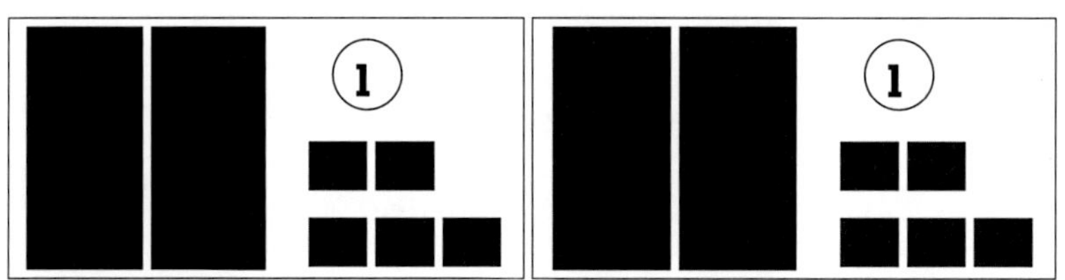


2번 학생

$$2.5 \div 2 = \frac{250}{100} \div 2$$

$$= \frac{250 \div 2}{100} = \frac{125}{100} = 1.25$$

3번 학생

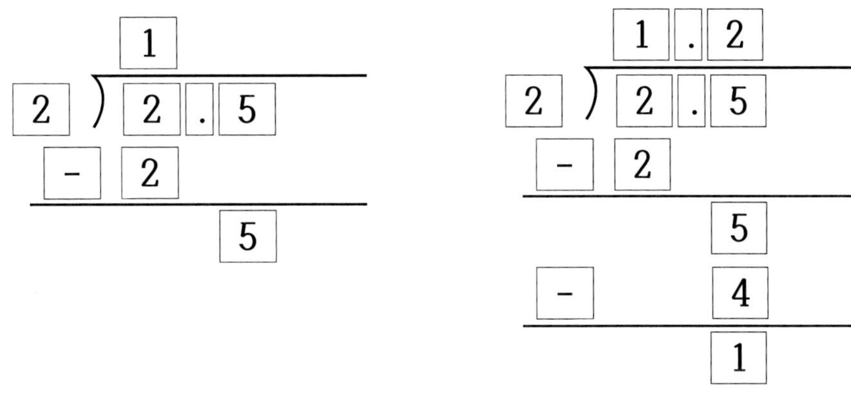

4번 학생　　　　4번 학생

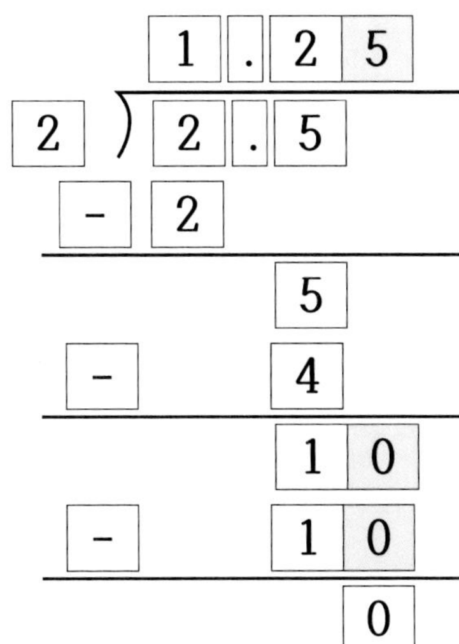

4번 학생

## 5) (소수) ÷ (자연수) 5 (교과서 60~61쪽)

가) 활동 내용

❶ '6.24 ÷ 3' 1번 보드판에 쓴다.

❷ 동전모형 1원 6개, 소수모형 0.01 24개를 3묶음으로 나누어 2번 보드판에 놓는다.

❸ '$6.24 \div 3 = \frac{624}{100} \div 3 = \frac{624 \div 3}{100} = \frac{208}{100} = 2.08$'을 분수로 바꾸어 식을 완성한다.

❹ '6.24 ÷ 3 = 2.08' 나눗셈식을 완성한다.

나) 활동 결과

1번 학생

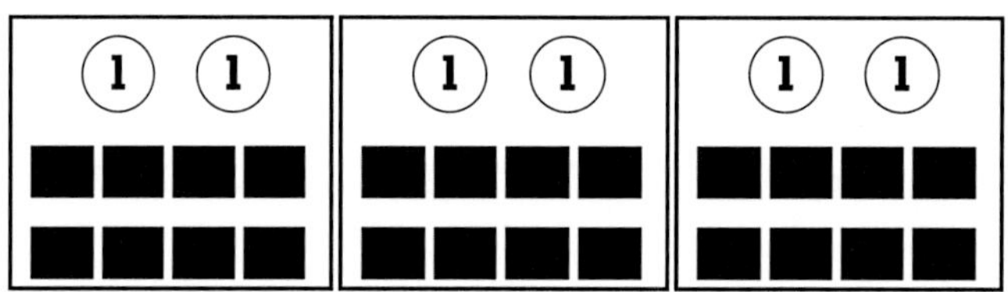

2번 학생

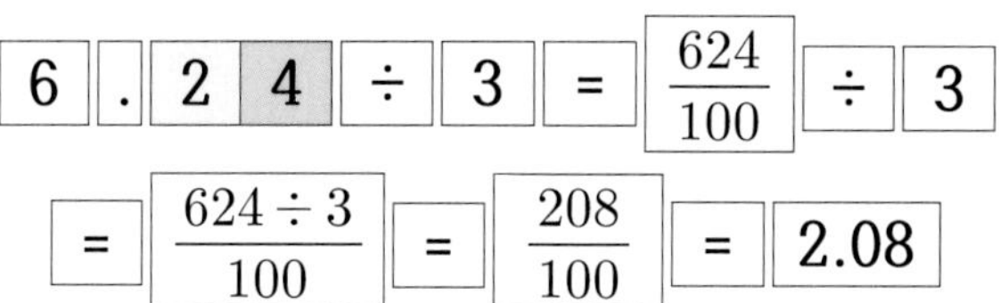


3번 학생

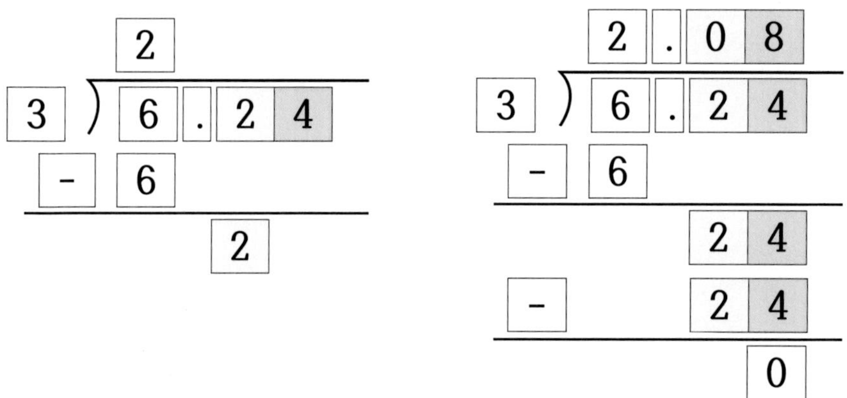


4번 학생 4번 학생

## 6) (자연수) ÷ (자연수) (교과서 62~63쪽)

### 가) 활동 내용

❶ '5 ÷ 4' 1번 보드판에 쓴다.

❷ 동전모형 1원 4개, 소수모형 0.1 8개, 0.01 20개를 4묶음으로 나누어 2번 보드판에 놓는다.

❸ '$5 \div 4 = \frac{5}{4} = \frac{5\times25}{4\times25} = \frac{125}{100} = 1.25$'를 분수로 바꾸어 식을 완성한다.

❹ $5 \div 4 = 1.25$ 나눗셈식을 완성한다.

### 나) 활동 결과

1번 학생

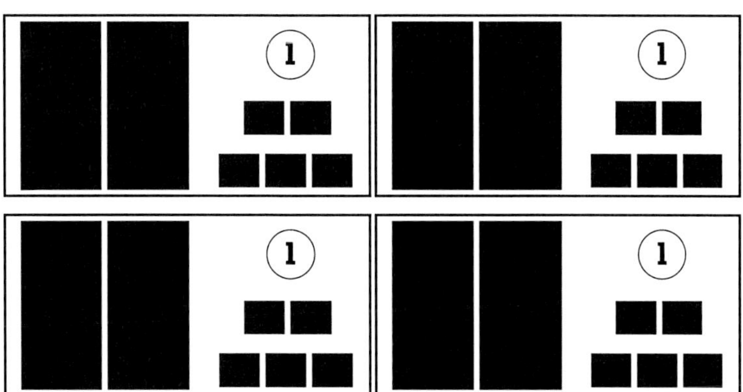


2번 학생

$$5 \div 4 = \frac{5}{4} = \frac{5\times25}{4\times25} = \frac{125}{100} = 1.25$$

3번 학생

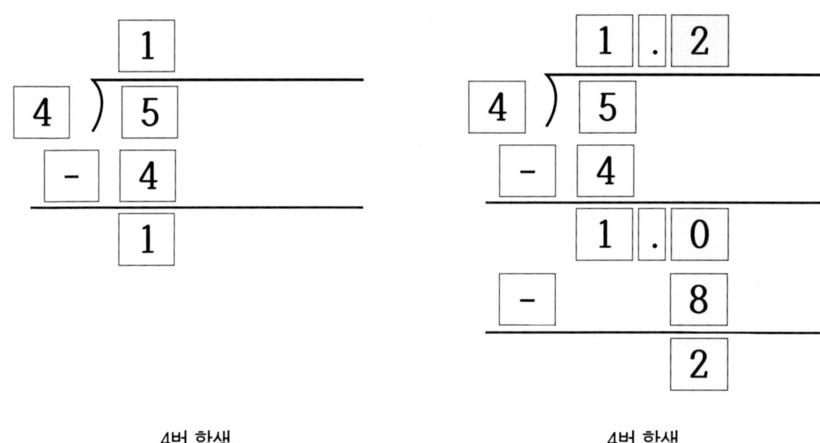

4번 학생 4번 학생

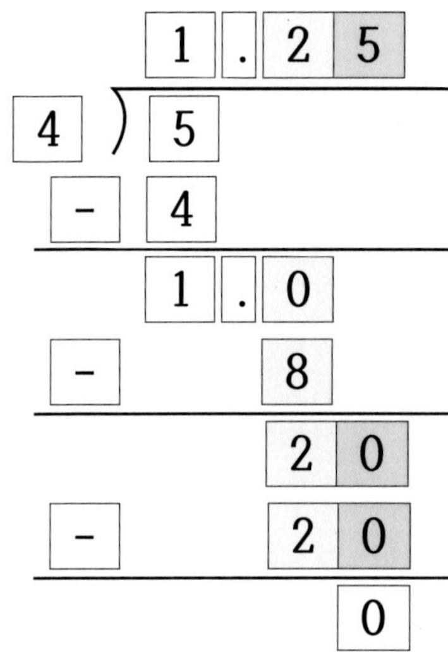

4번 학생

## 차. 성취기준별 활동 내용 (6학년 2학기)

| 학년 | 학기 | 단원 | 단원명 | 성취기준 |
|---|---|---|---|---|
| 6 | 2 | 1 | 분수의 나눗셈 | [6수 01 - 11]<br>분수의 나눗셈의 계산 원리를 이해하고, 그 계산을 할 수 있다. |

### 1) (분수) ÷ (분수) 1(교과서 10~11쪽)

가) 활동 내용

❶ '$\frac{3}{4} \div \frac{1}{4}$' 1번 보드판에 쓴다.

❷ 분수 모형 $\frac{3}{4}$을 3묶음으로 2번 보드판에 놓는다.

❸ '$\frac{3}{4} - \frac{1}{4} - \frac{1}{4} - \frac{1}{4} = 0$' 뺄셈식을 완성한다.

❹ '$\frac{3}{4} \div \frac{1}{4} = 3$' 나눗셈식을 완성한다.

나) 활동 결과

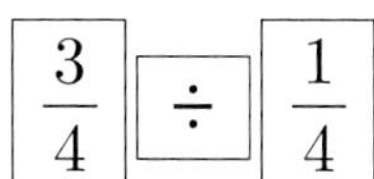

1번 학생

2번 학생

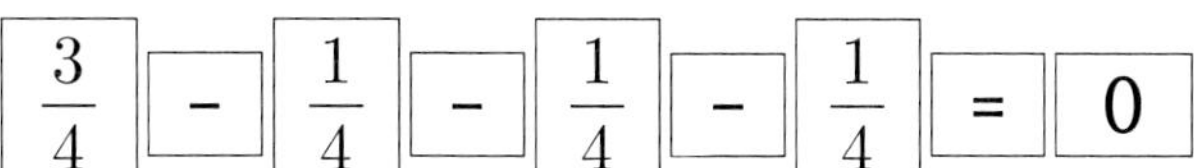

3번 학생

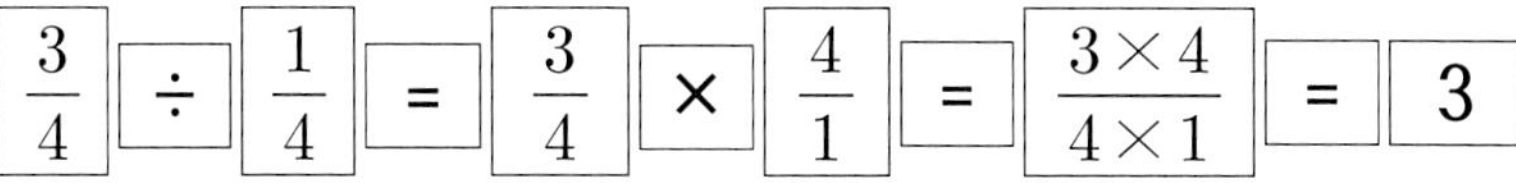

4번 학생

## 2) (분수) ÷ (분수) 2 (교과서 12~13쪽)

가) 활동 내용

❶ '$\frac{5}{7} \div \frac{2}{7}$' 1번 보드판에 쓴다.

❷ $\frac{5}{7}$를 분수 모형 $\frac{1}{7}$ 2개씩 묶어 2번 보드판에 놓는다.

❸ '$\frac{5}{7} - \frac{2}{7} - \frac{2}{7} = \frac{1}{7}$'을 뺄셈식을 완성한다.

❹ '$\frac{5}{7} \div \frac{2}{7} = \frac{5}{7} \times \frac{7}{2} = \frac{5\times7}{7\times2} = \frac{5}{2} = 2\frac{1}{2}$' 나눗셈식을 완성한다.

나) 활동 결과

$\frac{5}{7}$ ÷ $\frac{2}{7}$

1번 학생

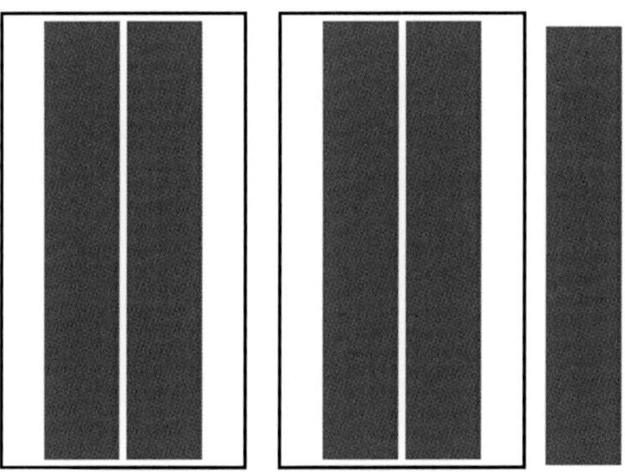

2번 학생

$\frac{5}{7}$ - $\frac{2}{7}$ - $\frac{2}{7}$ = $\frac{1}{7}$

3번 학생

$\boxed{\frac{5}{7}}$ $\boxed{\div}$ $\boxed{\frac{2}{7}}$ $\boxed{=}$ $\boxed{\frac{5}{7}}$ $\boxed{\times}$ $\boxed{\frac{7}{2}}$ $\boxed{=}$ $\boxed{\frac{5\times7}{7\times2}}$ $\boxed{=}$ $\boxed{\frac{5}{2}}$ $\boxed{=}$ $\boxed{2\frac{1}{2}}$

4번 학생

### 3) (분수) ÷ (분수) 3 (교과서 14~15쪽)

가) 활동 내용

❶ '$\frac{3}{4} \div \frac{3}{8}$' 1번 보드판에 쓴다.

❷ 분수모형 $\frac{3}{4}$을 $\frac{1}{8}$로 교환하여 $\frac{3}{8}$씩 묶어 2번 보드판에 놓는다.

❸ '$\frac{6}{8} - \frac{3}{8} - \frac{3}{8} = 0$' 뺄셈식을 완성한다.

❹ '$\frac{3}{4} \div \frac{3}{8} = \frac{3}{4} \times \frac{8}{3} = \frac{3\times8}{4\times3} = \frac{8}{4} = 2$' 나눗셈식을 완성한다.

나) 활동 결과

$\boxed{\frac{3}{4}}$ $\boxed{\div}$ $\boxed{\frac{3}{8}}$

1번 학생

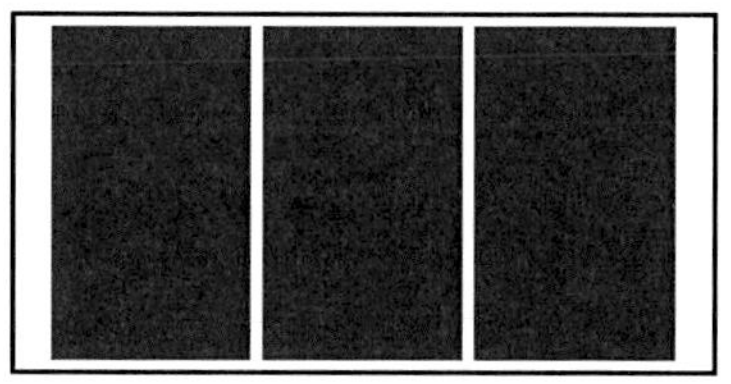

2번 학생

$\boxed{\frac{6}{8}}$ $\boxed{-}$ $\boxed{\frac{3}{8}}$ $\boxed{-}$ $\boxed{\frac{3}{8}}$ $\boxed{=}$ $\boxed{0}$

3번 학생

$$\boxed{\frac{3}{4}}\ \boxed{\div}\ \boxed{\frac{3}{8}}\ \boxed{=}\ \boxed{\frac{3}{4}}\ \boxed{\times}\ \boxed{\frac{8}{3}}\ \boxed{=}\ \boxed{\frac{3\times 8}{4\times 3}}\ \boxed{=}\ \boxed{2}$$

4번 학생

## 4) (자연수) ÷ (분수) (교과서 16~17쪽)

### 가) 활동 내용

❶ '$6 \div \frac{3}{4}$' 1번 보드판에 쓴다.

❷ 1모형 6개를 분수모형 $\frac{1}{4}$로 교환하여 $\frac{3}{4}$씩 묶어 2번 보드판에 놓는다.

❸ '$\frac{24}{4} - \frac{3}{4} - \frac{3}{4} - \frac{3}{4} - \frac{3}{4} - \frac{3}{4} - \frac{3}{4} - \frac{3}{4} - \frac{3}{4} = 0$' 뺄셈식을 완성한다.

❹ '$6 \div \frac{3}{4} = \frac{6}{1} \times \frac{4}{3} = \frac{6\times 4}{1\times 3} = \frac{24}{3} = 8$' 나눗셈식을 완성한다.

### 나) 활동 결과

$$\boxed{6}\ \boxed{\div}\ \boxed{\frac{3}{4}}$$

1번 학생

2번 학생

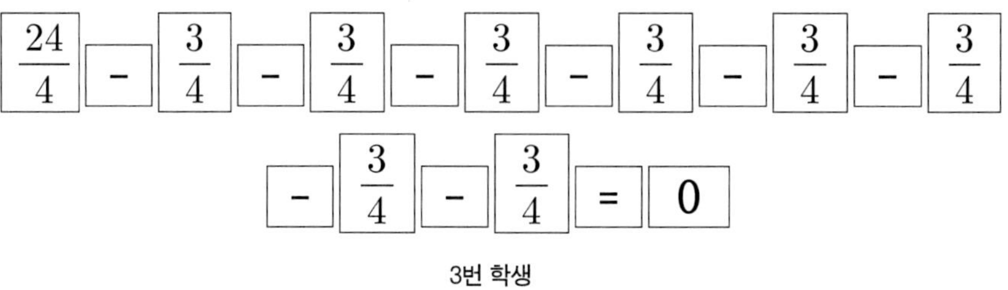

3번 학생

$$6 \div \frac{3}{4} = \frac{6}{1} \times \frac{4}{3} = \frac{6\times4}{1\times3} = 8$$

4번 학생

## 5) (분수) ÷ (분수)를 (분수) × (분수)로 계산하기 (교과서 18~19쪽)

### 가) 활동 내용

❶ '$\frac{4}{5} \div \frac{2}{3}$' 1번 보드판에 쓴다.

❷ 분수모형 $\frac{1}{5}$ 4개를 2묶음 하여 이 묶음의 3배 묶음 수를 2번 보드판에 놓는다.

❸ '$\frac{4}{5} \div 2 = \frac{2}{5}$, $\frac{2}{5} \div \frac{1}{3} = \frac{2}{5} \times \frac{3}{1} = \frac{2\times3}{5\times1} = \frac{6}{5} = 1\frac{1}{5}$' 식을 완성한다.

❹ '$\frac{4}{5} \div \frac{2}{3} = \frac{4}{5} \times \frac{3}{2} = \frac{4\times3}{5\times2} = \frac{6}{5} = 1\frac{1}{5}$' 나눗셈식을 완성한다.

### 나) 활동 결과

$$\frac{4}{5} \div \frac{2}{3}$$

1번 학생

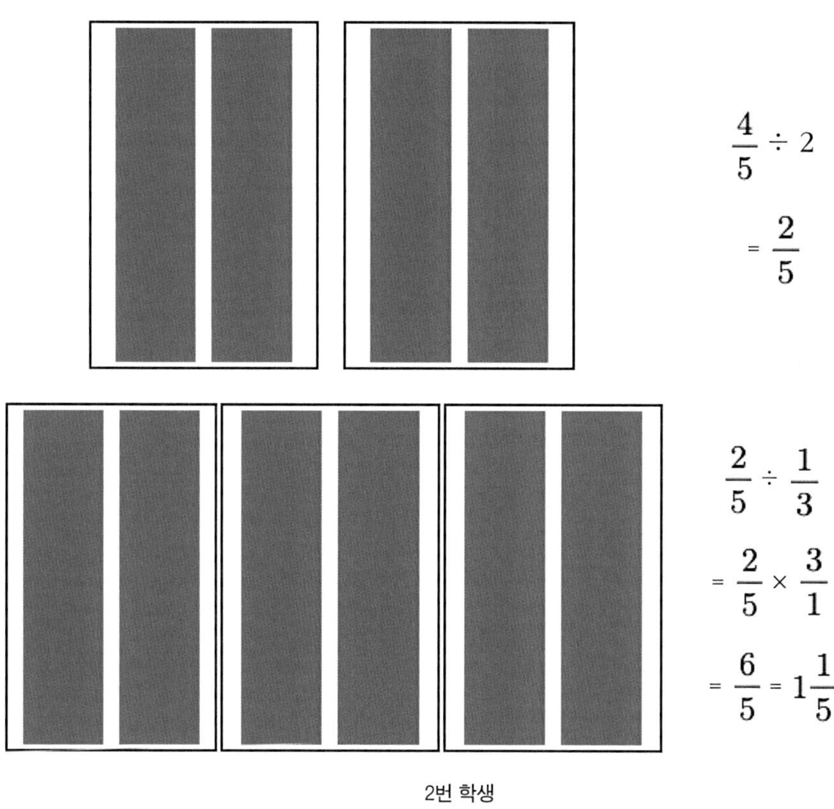


2번 학생

$$\boxed{\frac{4}{5}}\ \boxed{\div}\ \boxed{2}\ \boxed{=}\ \boxed{\frac{4 \div 2}{5}}\ \boxed{=}\ \boxed{\frac{2}{5}}$$

$$\boxed{\frac{2}{5}}\ \boxed{\div}\ \boxed{\frac{1}{3}}\ \boxed{=}\ \boxed{\frac{2}{5}}\ \boxed{\times}\ \boxed{\frac{3}{1}}\ \boxed{=}\ \boxed{\frac{2 \times 3}{5 \times 1}}\ \boxed{=}\ \boxed{\frac{6}{5}}\ \boxed{=}\ \boxed{1\frac{1}{5}}$$

3번 학생

$$\boxed{\frac{4}{5}}\ \boxed{\div}\ \boxed{\frac{2}{3}}\ \boxed{=}\ \boxed{\frac{4}{5}}\ \boxed{\times}\ \boxed{\frac{3}{2}}\ \boxed{=}\ \boxed{\frac{4 \times 3}{5 \times 2}}\ \boxed{=}\ \boxed{\frac{6}{5}}\ \boxed{=}\ \boxed{1\frac{1}{5}}$$

4번 학생

## 6) (분수) ÷ (분수) (교과서 20~21쪽)

### 가) 활동 내용

❶ '$2 \div \frac{5}{7}$' 1번 보드판에 쓴다.

❷ 1모형 2개를 5묶음으로 하고 이 묶음의 7배 묶음의 수를 2번 보드판에 놓는다.

❸ '$2 \div 5 = \frac{2}{5}$, $\frac{2}{5} \div \frac{1}{7} = \frac{2}{5} \times \frac{7}{1} = \frac{2\times7}{5\times1} = \frac{14}{5} = 2\frac{4}{5}$' 계산한다.

❹ '$2 \div \frac{5}{7} = \frac{2}{1} \times \frac{7}{5} = \frac{2\times7}{1\times5} = \frac{14}{5} = 2\frac{4}{5}$' 나눗셈식을 완성한다.

### 나) 활동 결과

$$2 \div \frac{5}{7}$$

1번 학생

$$2 \div 5 = \frac{2}{5}$$

$$\frac{2}{5} \div \frac{1}{7} = \frac{2}{5} \times \frac{7}{1} = \frac{2\times7}{5\times1} = \frac{14}{5} = 2\frac{4}{5}$$

3번 학생

$$2 \div \frac{5}{7} = \frac{2}{1} \times \frac{7}{5} = \frac{2\times7}{1\times5} = \frac{14}{5} = 2\frac{4}{5}$$

4번 학생

$$2 \div 5 = \frac{2}{5}$$

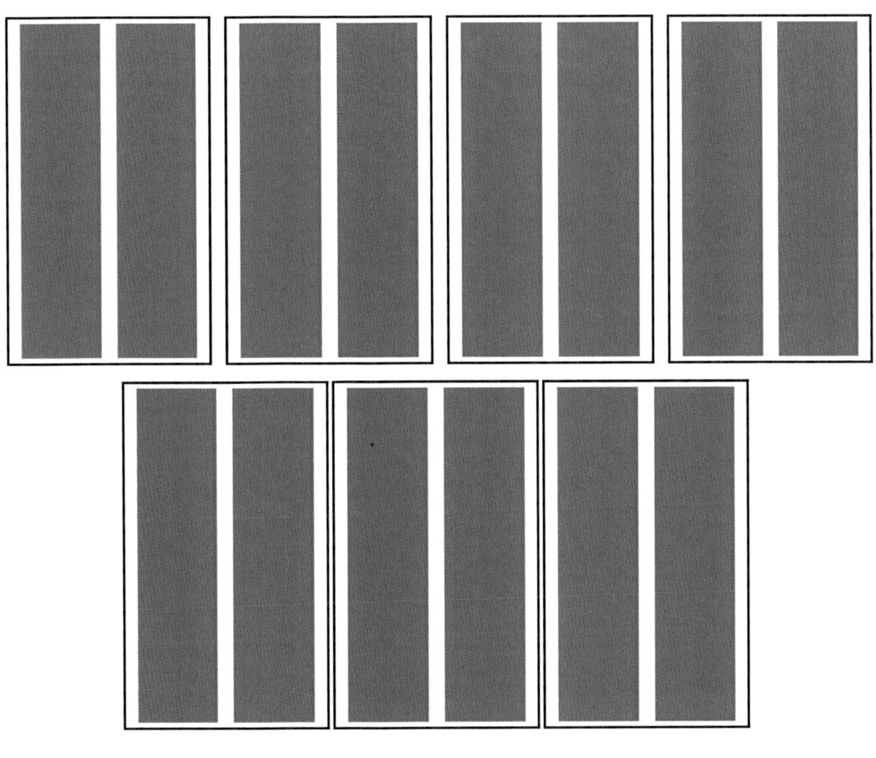

$$\frac{2}{5} \div \frac{1}{7} = \frac{2}{5} \times \frac{7}{1} = \frac{2\times7}{5\times1} = \frac{14}{5} = 2\frac{4}{5}$$

2번 학생

## 카. 성취기준별 활동 내용 (6학년 2학기)

| 학년 | 학기 | 단원 | 단원명 | 성취기준 |
|---|---|---|---|---|
| 6 | 2 | 2 | 소수의 나눗셈 | [6수 01 - 15]<br>나누는 수가 소수인 나눗셈의 계산 원리를 이해한다. |
| | | | | [6수 01 - 16]<br>소수의 곱셈과 나눗셈의 계산 결과를 어림할 수 있다. |

### 1) (소수) ÷ (소수) 1 (교과서 30~33쪽)

가) 활동 내용

❶ '1.2 ÷ 0.4' 1번 보드판에 쓴다.

❷ 소수모형 0.1 12개를 0.4개씩 묶어 2번 보드판에 놓는다.

❸ '1.2 - 0.4 - 0.4 - 0.4 = 0' 뺄셈식, '$1.2 \div 0.4 = \frac{12}{10} \div \frac{4}{10} = \frac{12}{10} \times \frac{10}{4} = \frac{12\times10}{10\times4} = 3$'을 완성한다.

❹ '1.2 ÷ 0.4 = 3' 나눗셈식을 완성한다.

나) 활동 결과

1번 학생

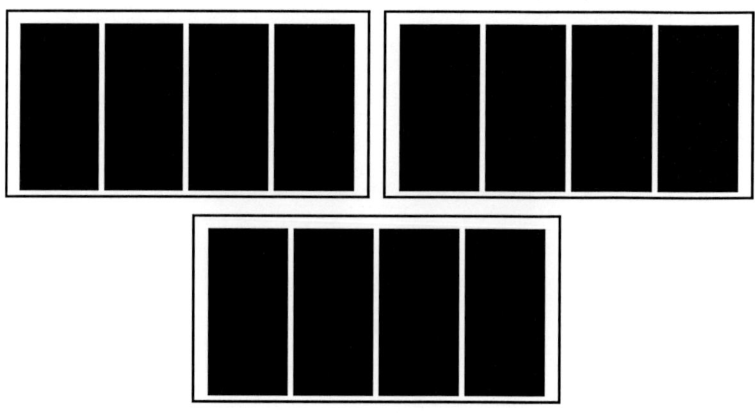

2번 학생

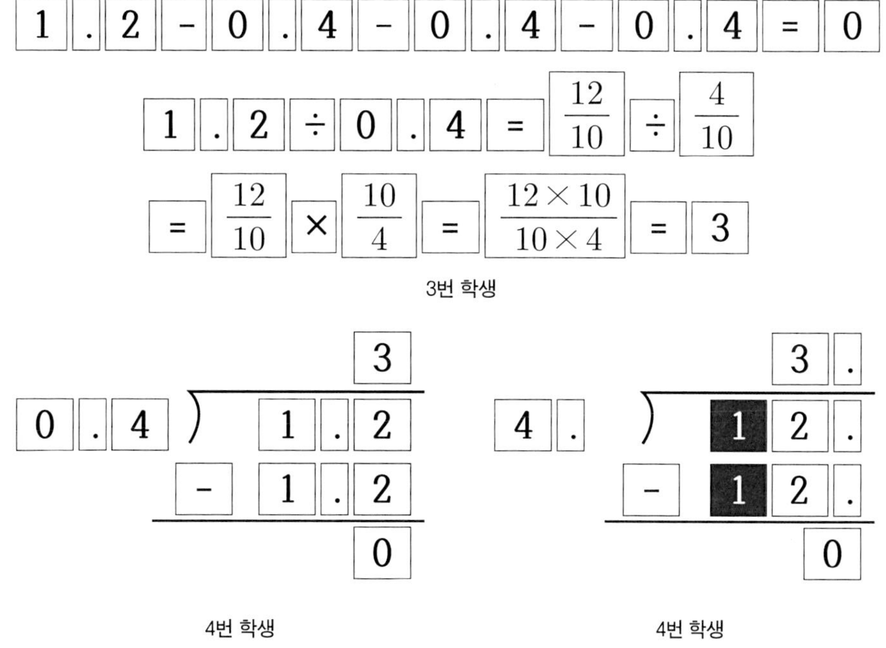


3번 학생

4번 학생

4번 학생

## 2) (소수) ÷ (소수) 2 (교과서 34~35쪽)

### 가) 활동 내용

❶ '4.8 ÷ 0.3' 1번 보드판에 쓴다.

❷ '4.8 - 0.3 - 0.3 - 0.3 - 0.3 - 0.3 - 0.3 - 0.3 - 0.3 - 0.3 - 0.3 - 0.3 - 0.3 - 0.3 - 0.3 - 0.3 - 0.3 = 0' 뺄셈식을 완성한다.

❸ '$4.8 \div 0.3 = \frac{48}{10} \div \frac{3}{10} = \frac{48}{10} \times \frac{10}{3} = \frac{48\times10}{10\times3} = 16$'을 완성한다.

❹ '4.8 ÷ 0.3 = 16' 나눗셈식을 완성한다.

### 나) 활동 결과

| 4 | . | 8 | ÷ | 0 | . | 3 |
|---|---|---|---|---|---|---|

1번 학생

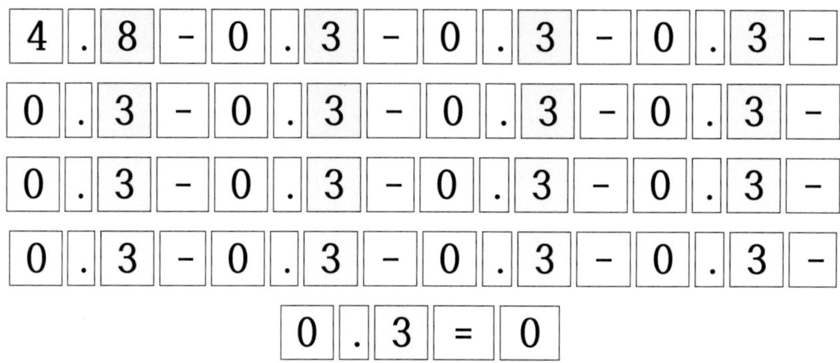


2번 학생

$$4.8 \div 0.3 = \frac{48}{10} \div \frac{3}{10}$$

$$= \frac{48}{10} \times \frac{10}{3} = \frac{48 \times 10}{10 \times 3} = 16$$

3번 학생

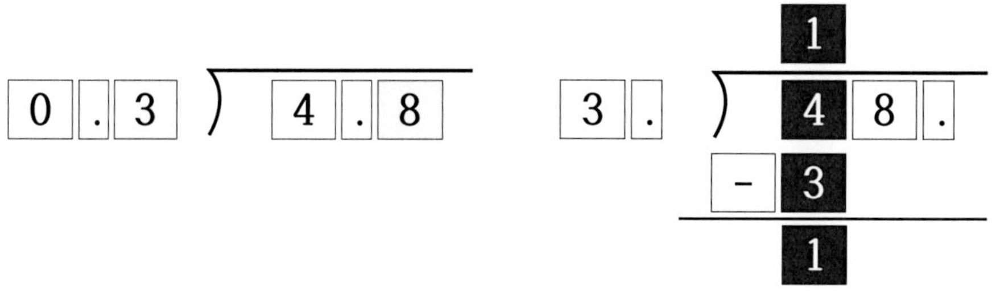


4번 학생 4번 학생

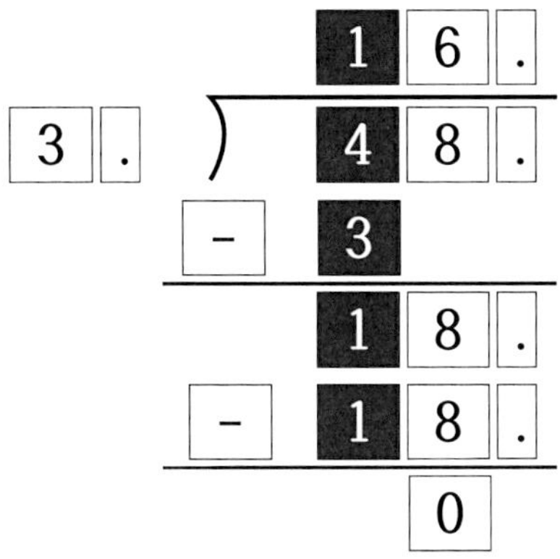

4번 학생

### 3) (소수) ÷ (소수) 3 (교과서 36~37쪽)

가) 활동 내용

❶ '6.25 ÷ 2.5' 1번 보드판에 쓴다.

❷ '6.25 - 2.5 - 2.5 = 1.25' 뺄셈식을 완성한다.,

❸ '$6.25 \div 2.5 = \frac{625}{100} \div \frac{25}{10} = \frac{625}{100} \times \frac{10}{25} = \frac{625 \times 10}{100 \times 25} = \frac{25}{10} = 2.5$' 분수식을 완성한다.

❹ '6.25 ÷ 2.5 = 2.5' 나눗셈식을 완성한다.

나) 활동 결과

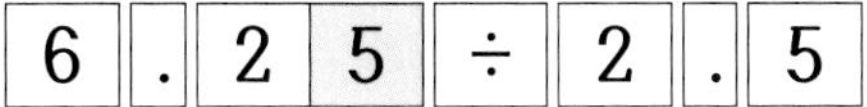

1번 학생

2번 학생

$$6.25 \div 2.5 = \frac{625}{100} \div \frac{25}{10} = \frac{625}{100} \times \frac{10}{25} = \frac{625 \times 10}{100 \times 25} = 2.5$$

3번 학생

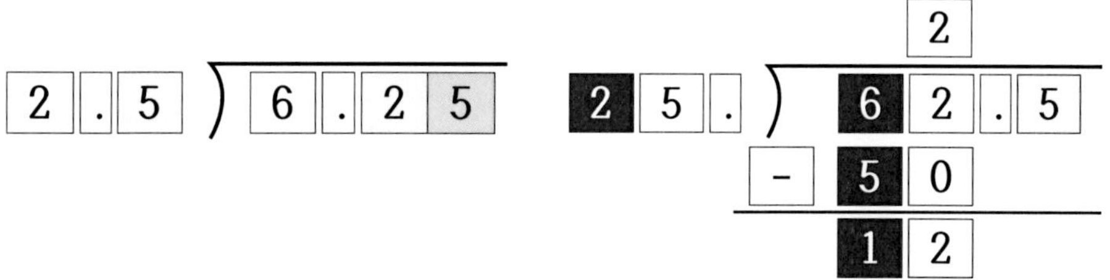

4번 학생

4번 학생

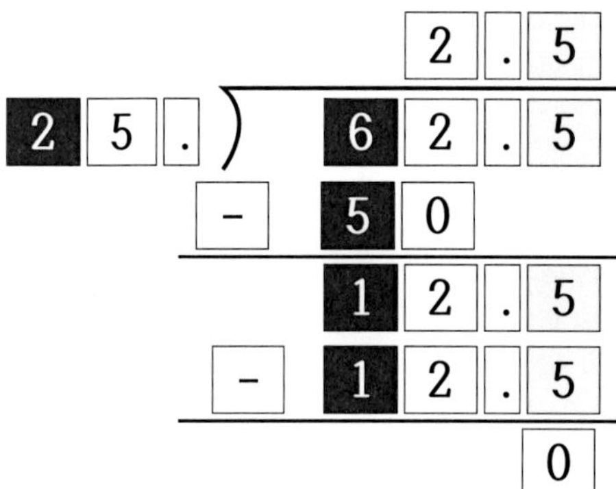

4번 학생

## 4) (자연수) ÷ (소수) (교과서 38~39쪽)

가) 활동 내용

❶ '7200 ÷ 1.8' 1번 보드판에 쓴다.

❷ '$7200 \div 1.8 = \frac{72000}{10} \div \frac{18}{10} = 72000 \div 18 = 4000$' 식을 완성한다.

❸ '$7200 \div 1.8 = \frac{7200}{1} \div \frac{18}{10} = \frac{7200}{1} \times \frac{10}{18} = \frac{7200 \times 10}{1 \times 18} = 4000$' 식을 완성한다.

❹ '$7200 \div 1.8 = 4000$' 나눗셈식을 완성한다.

나) 활동 결과

$$7200 \div 1.8$$

1번 학생

$$7200 \div 1.8 = \frac{72000}{10} \div \frac{18}{10} = 72000 \div 18 = 4000$$

2번 학생

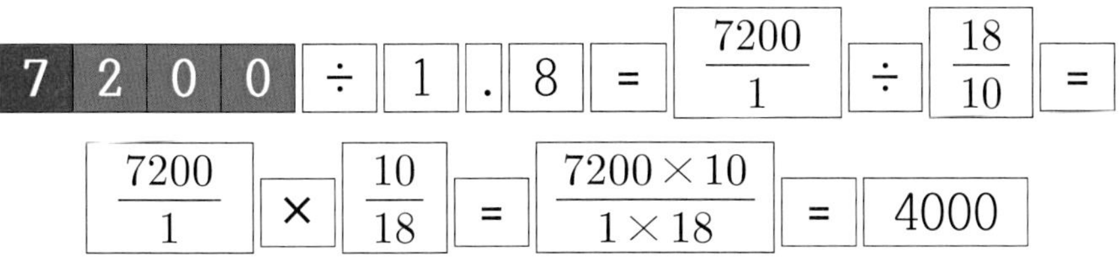

3번 학생

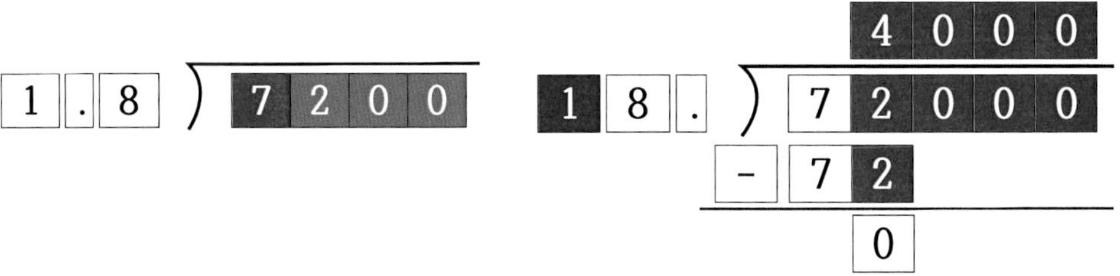

4번 학생　　　　4번 학생

## 5) 몫을 반올림하기 (교과서 40~41쪽)

### 가) 활동 내용

❶ '2 ÷ 6 소수 셋째 자리까지 나타내시오.' 1번 보드판에 쓴다.

❷
❸ '2 ÷ 6 = 0.333' 계산한다.

❹ '2 ÷ 6 = 0.333' 소수 셋째 자리까지 답을 구한다.

### 나) 활동 결과

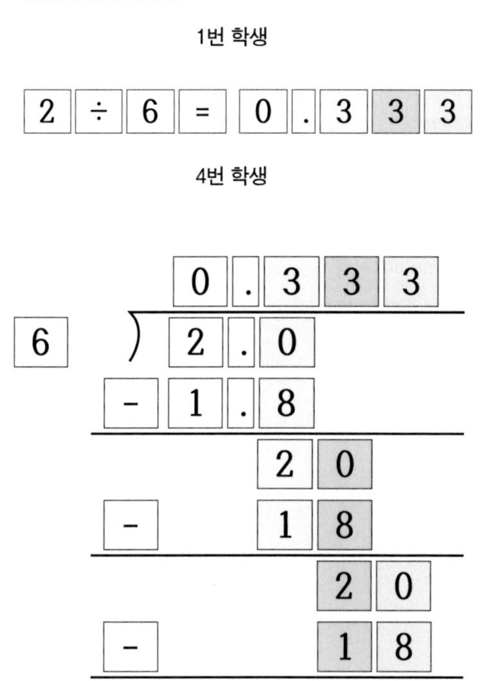


2번, 3번 학생

## 6) 몫과 나머지 (교과서 42~43쪽)

### 가) 활동 내용

❶ '페인트 4.2L를 2L씩 나누어 주면 몇 명에게 나누어 줄 수 있을까요?' 1번 보드판에 쓴다.

❷ '4.2 ÷ 2' 2번 보드판에 쓴다.

❸ '4.2 - 2 - 2 = 0.2' 계산한다.

❹ '4.2 ÷ 2 = 2 (나머지 0.2)' 나눗셈을 계산한다.

### 나) 활동 결과

페인트 4.2L를 2L씩 나누어 주면 몇 명에게 줄 수 있을까?

1번 학생

2번 학생

4 . 2 - 2 - 2 = 0 . 2

3번 학생

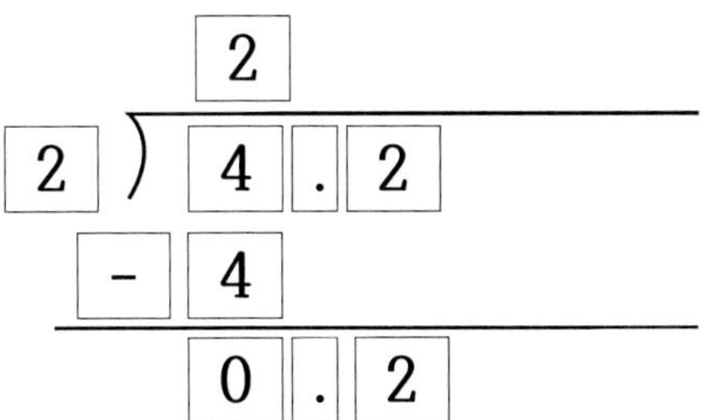


4번 학생

# 연산 개념

## 가. 성취기준별 활동 내용 (1학년 1학기)

| 학년 | 학기 | 단원 | 단원명 | 성취기준 |
|---|---|---|---|---|
| 1 | 1 | 3 | 덧셈과 뺄셈 | [2수 01 - 04]<br>하나의 수를 두 수로 분해하고 두 수를 하나의 수로 합성하는 활동을 통하여 수감각을 기른다. |
| | | | | [2수 01 - 05]<br>덧셈과 뺄셈이 이루어지는 실생활 상황을 통하여 덧셈과 뺄셈의 의미를 이해한다. |
| | | | | [2수 01 - 06]<br>두 자리의 수의 범위에서 덧셈과 뺄셈의 계산 원리를 이해하고 그 계산을 할 수 있다. |

### 1) 모으기 (교과서 56~57쪽)

가) 활동 내용

❶ 수카드 '3, 5'를 1번 보드판에 놓는다.

❷ 수모형 3개를 2번 보드판에 놓는다.

❸ 산가지 5개를 3번 보드판에 놓는다.

❹ 2, 3번 학생이 놓은 수모형, 산가지를 세고 수카드 '8'을 4번 보드판에 놓는다.

나) 활동 결과

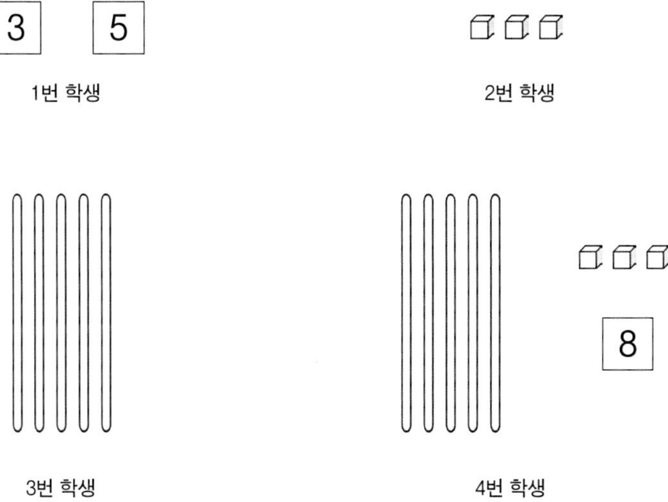


## 2) 가르기 (교과서 58~59쪽)

가) 활동 내용

❶ 수모형 8개를 1번 보드판에 놓는다.

❷ 1번 보드판 수모형 중 4개를 2번 보드판에 옮겨 놓는다.

❸ 나머지 수모형 4개를 3번 보드판에 옮겨 놓는다.

❹ 2번, 3번 학생이 옮겨 놓은 수모형 아래 수카드 '4', '4'를 4번 보드판에 놓는다.

나) 활동 결과

## 3) 더하기 (교과서 64~69쪽)

### 가) 활동 내용

❶ 6 + 1을 1번 보드판에 쓴다.
❷ 수모형 6개를 2번 보드판에 놓는다.
❸ 수모형 1개를 3번 보드판에 놓는다.
❹ 2번, 3번 보드판의 수모형을 세고 덧셈을 완성한다.

### 나) 활동 결과

## 4) 빼기 (교과서 72~77쪽)

### 가) 활동 내용

❶ 수모형 5개를 1번 보드판에 놓는다.
❷ 1번 보드판의 수모형 중 2개를 2번 보드판에 옮겨 놓는다.
❸ 나머지 수모형 3개를 3번 보드판에 옮겨 놓는다.
❹ '5 - 2 = 3'식을 4번 보드판에 완성한다.

### 나) 활동 결과

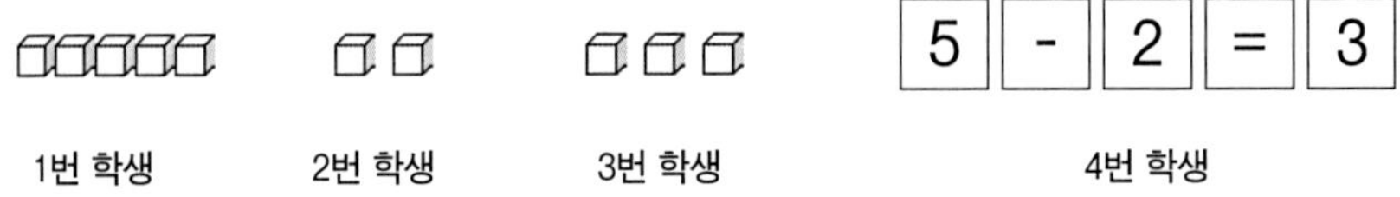

## 나. 성취기준별 활동 내용 (1학년 2학기)

| 학년 | 학기 | 단원 | 단원명 | 성취기준 |
|---|---|---|---|---|
| 1 | 2 | 2 | 덧셈과 뺄셈(1) | [2수 01 - 05]<br>덧셈과 뺄셈이 이루어지는 실생활 상황을 통하여 덧셈과 뺄셈의 의미를 이해한다. |
| | | | | [2수 01 - 06]<br>두 자리 수의 범위에서 덧셈과 뺄셈의 계산 원리를 이해하고 그 계산을 할 수 있다. |

### 1) 받아올림이 없는 (몇십몇) + (몇) (교과서 36~37쪽)

가) 활동 내용

❶ '21 + 6' 1번 보드판에 쓴다.

❷ 수모형 21개를 2번 보드판에 놓는다.

❸ 수모형 6개를 3번 보드판에 놓는다.

❹ 2번, 3번 보드판 수모형 개수를 세어 '21 + 6 = 27' 덧셈식에 완성한다.

나) 활동 결과

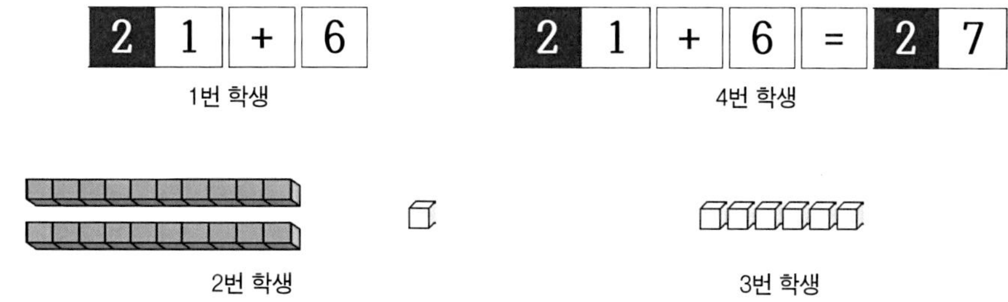


### 2) 받아올림이 없는 (몇십) + (몇십) (교과서 38~39쪽)

가) 활동 내용

❶ '30 + 20' 1번 보드판에 쓴다.

❷ 수모형 10모형 3개를 2번 보드판에 놓는다.

❸ 수모형 10모형 2개를 3번 보드판에 놓는다.
❹ 2번, 3번 수모형 개수를 세어 '30 + 20 = 50' 덧셈식을 완성한다.

나) 활동 결과

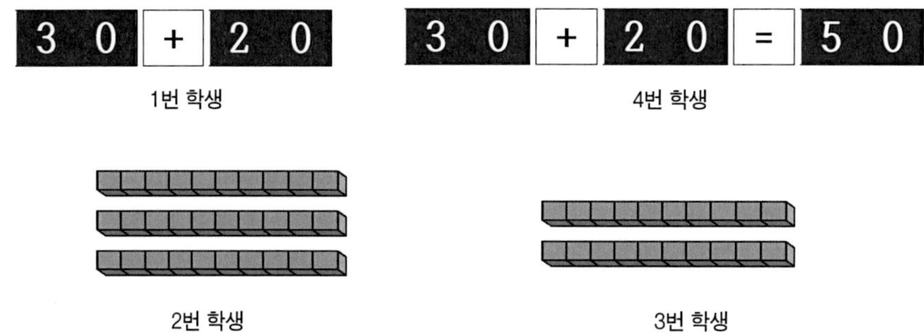


## 3) 받아올림이 없는 (몇십몇) + (몇십몇) (교과서 40~43쪽)

가) 활동 내용

❶ '22 + 12' 1번 보드판에 쓴다.
❷ 수모형 10모형 2개, 낱개 2개를 2번 보드판에 놓는다.
❸ 수모형 10모형 1개, 낱개 2개를 3번 보드판에 놓는다.
❹ 2번, 3번 보드판의 수모형을 세어 '22 + 12 = 34' 덧셈식을 완성한다.

나) 활동 결과

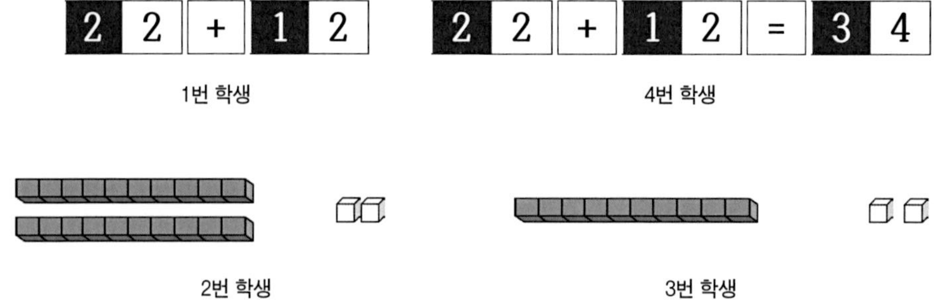

## 4) 받아내림이 없는 (몇십몇) - (몇) (교과서 46~47쪽)

가) 활동 내용

❶ '27 - 3' 1번 보드판에 쓴다.

❷ 산가지 27개를 2번 보드판에 놓는다.

❸ 2번 보드판에 있는 산가지 중 3개를 3번 보드판에 놓는다.

❹ 남은 산가지를 4번 보드판에 옮기고 '27 - 3 = 24' 뺄셈식을 완성한다.

나) 활동 결과

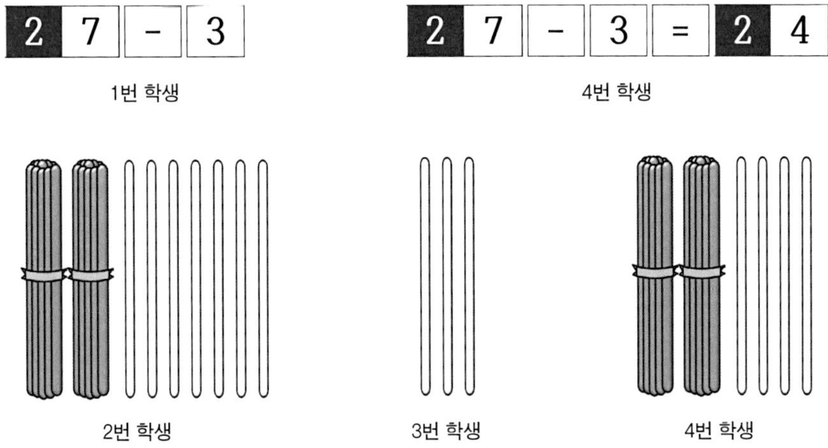


## 5) 받아내림이 없는 (몇십) - (몇십) (교과서 48~49쪽)

가) 활동 내용

❶ '20 - 10' 1번 보드판에 쓴다.

❷ 수모형 10모형 2개를 2번 보드판에 놓는다.

❸ 2번 보드판에 있는 수모형 10모형 1개를 3번 보드판에 옮겨 놓는다.

❹ 2번 보드판의 남은 수모형을 4번 보드판에 옮기고 '20 - 10 = 10' 뺄셈식을 완성한다.

나) 활동 결과

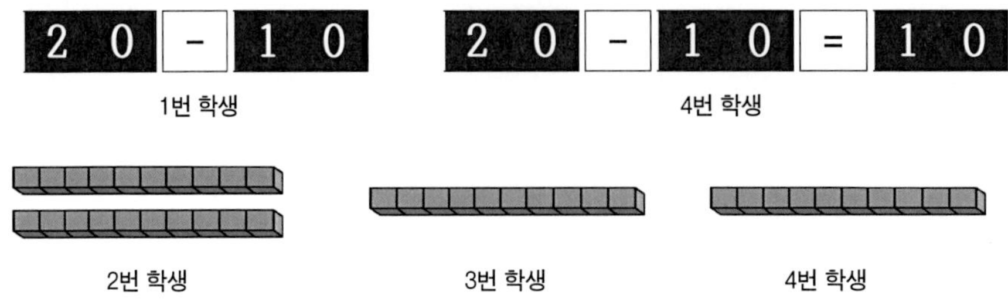


## 6) 받아내림이 없는 (몇십몇) - (몇십몇) (교과서 50~51쪽)

가) 활동 내용

❶ '28 - 11' 1번 보드판에 쓴다.

❷ 수모형 10모형 2개 낱개 8개를 2번 보드판에 놓는다.

❸ 2번 보드판에 있는 수모형 10모형 1개, 낱개 1개를 3번 보드판에 옮겨 놓는다.

❹ 2번 보드판에 남은 수모형을 4번 보드판에 옮기고 '28 - 11 = 17' 뺄셈식을 완성한다.

나) 활동 결과

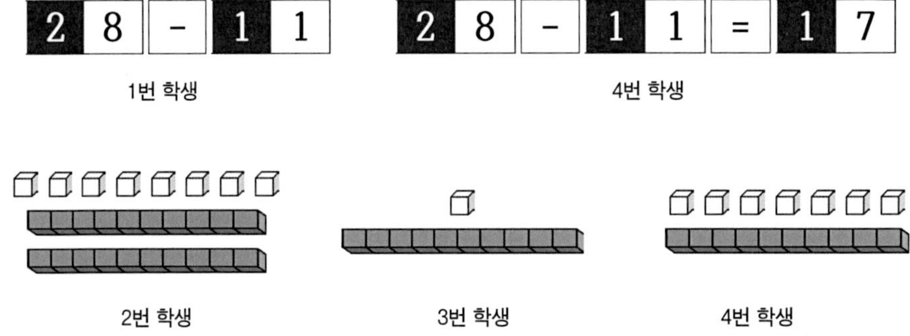

## 다. 성취기준별 활동 내용 (2학년 1학기)

| 학년 | 학기 | 단원 | 단원명 | 성취기준 |
|---|---|---|---|---|
| 2 | 1 | 3 | 덧셈과 뺄셈 | [2수 01 - 05]<br>덧셈과 뺄셈이 이루어지는 실생활 상황을 통하여 덧셈과 뺄셈의 의미를 이해한다. |
| | | | | [2수 01 - 06]<br>두 자리 수의 범위에서 덧셈과 뺄셈의 계산 원리를 이해하고 그 계산을 할 수 있다. |
| | | | | [2수 01 - 07]<br>덧셈과 뺄셈의 관계를 이해한다. |
| | | | | [2수 01 - 08]<br>두 자리 수의 범위에서 세 수의 덧셈과 뺄셈을 할 수 있다. |
| | | | | [2수 01 - 09]<br>□가 사용된 덧셈식과 뺄셈식을 만들고, □의 값을 구할 수 있다. |

### 1) 일의 자리에서 받아올림이 있는 (몇십몇) + (몇) (교과서 60~61쪽)

가) 활동 내용

❶ '15 + 6' 1번 보드판에 쓴다.

❷ 수모형 10모형 1개, 낱개 5개를 2번 보드판에 놓는다.

❸ 수모형 낱개 6개를 3번 보드판에 놓는다.

❹ 수모형 낱개 10개를 10모형 1개로 교환하고 '15 + 6 = 21' 덧셈식을 완성한다.

나) 활동 결과

## 2) 일의 자리에서 받아올림이 있는 (몇십몇) + (몇십몇) (교과서 62~63쪽)

가) 활동 내용

❶ '23 + 19' 1번 보드판에 쓴다.

❷ 수모형 10모형 2개, 낱개 3개를 2번 보드판에 놓는다.

❸ 수모형 10모형 1개, 낱개 9개를 3번 보드판에 놓는다.

❹ 수모형 낱개 10개를 10모형 1개로 교환하고 '23 + 19 = 42' 덧셈식을 완성한다.

나) 활동 결과

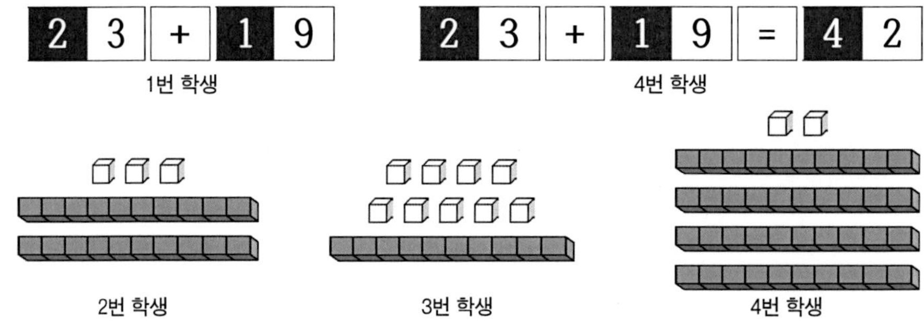


## 3) 십의 자리에서 받아올림이 있는 (몇십몇) + (몇십몇) (교과서 64~65쪽)

가) 활동 내용

❶ '72 + 43' 1번 보드판에 쓴다.

❷ 수모형 10모형 7개, 낱개 2개를 2번 보드판에 놓는다.

❸ 수모형 10모형 4개, 낱개 3개를 3번 보드판에 놓는다.

❹ 수모형 10모형 10개를 100모형 1개로 교환하고 '72 + 43 = 115' 덧셈식을 완성한다.

나) 활동 결과

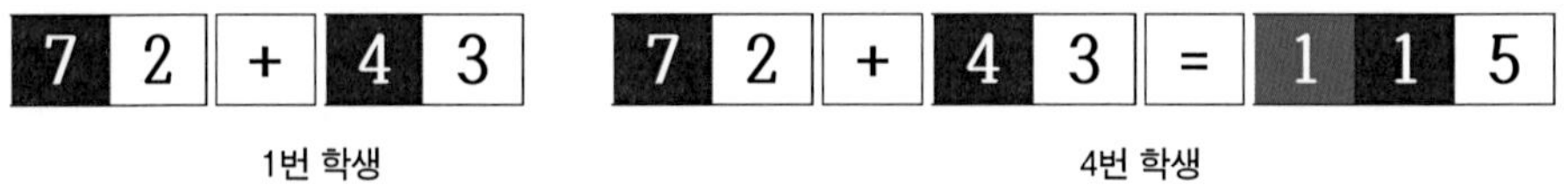

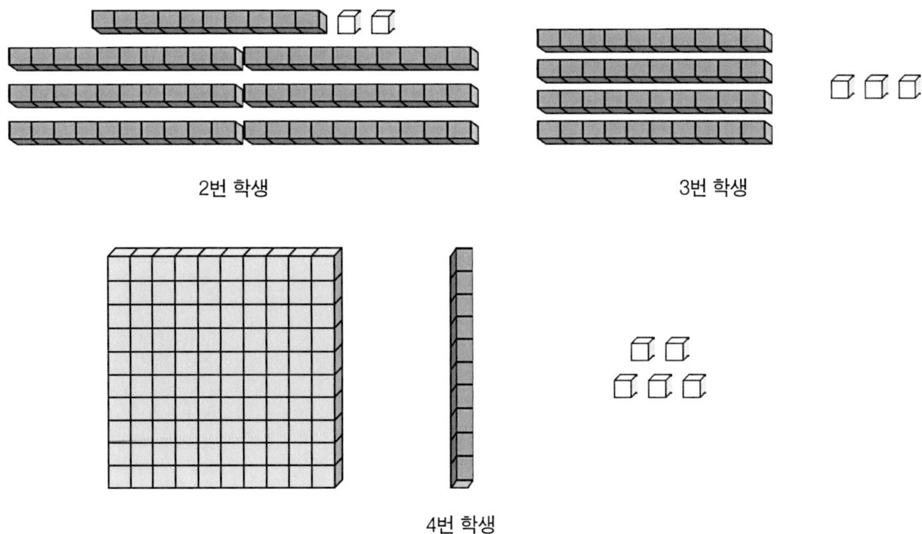


### 4) 받아내림이 있는 (몇십몇) - (몇) (교과서 68~69쪽)

가) 활동 내용

❶ '32 - 8' 1번 보드판에 쓴다.

❷ 수모형 32개를 2번 보드판에 놓는다.

❸ 2번 보드판의 10모형 1개를 낱개 10개로 교환하여 8개를 3보드판에 덜어 놓는다.

❹ 2번 보드판의 남은 수모형을 4번 보드판에 옮기고 '32 - 8 = 24' 뺄셈식을 완성한다.

나) 활동 결과

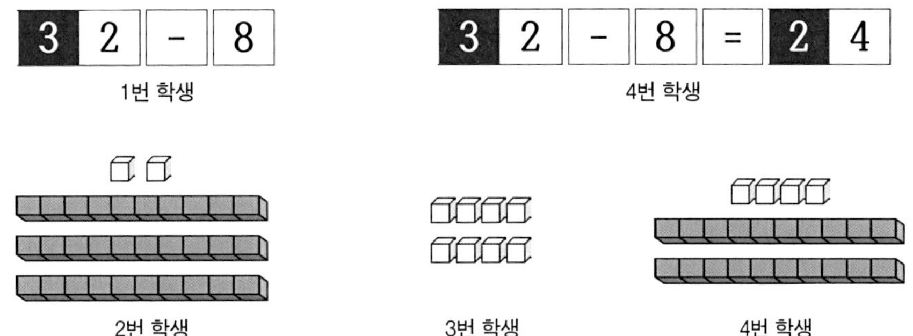

## 5) 받아내림이 있는 (몇십) - (몇십몇) (교과서 70~71쪽)

가) 활동 내용

❶ '40 - 25' 1번 보드판에 쓴다.

❷ 수모형 10모형 4개를 2번 보드판에 놓는다.

❸ 수모형 10모형 1개를 낱개 10개와 교환하여 수모형 25개를 3번 보드판에 옮겨 놓는다.

❹ 2번 보드판의 남은 수모형을 4번 보드판에 옮겨 놓고 '40 - 25 = 15' 뺄셈식을 완성한다.

나) 활동 결과

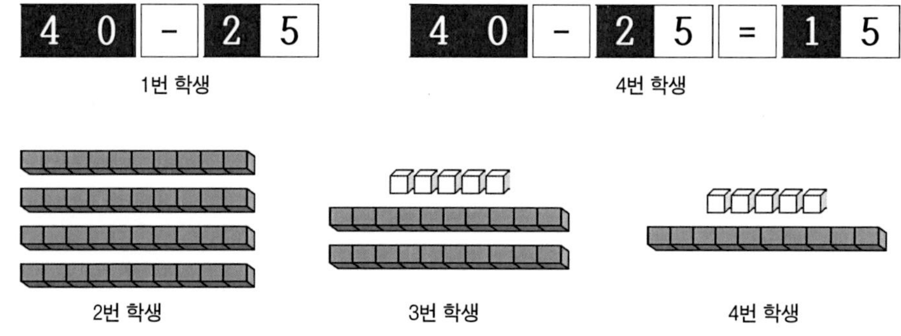


## 6) 받아내림이 있는 (몇십몇) - (몇십몇) (교과서 72~73쪽)

가) 활동 내용

❶ '42 - 17' 1번 보드판에 쓴다.

❷ 수모형 10모형 4개 낱개 2개를 2번 보드판에 놓는다.

❸ 10모형 1개를 낱개 10개로 교환하고 수모형 17개를 3번 보드판에 옮겨 놓는다.

❹ 2번 보드판의 남은 수모형을 4번 보드판에 옮겨 놓고 '42 - 17 = 25' 뺄셈식을 완성한다.

나) 활동 결과

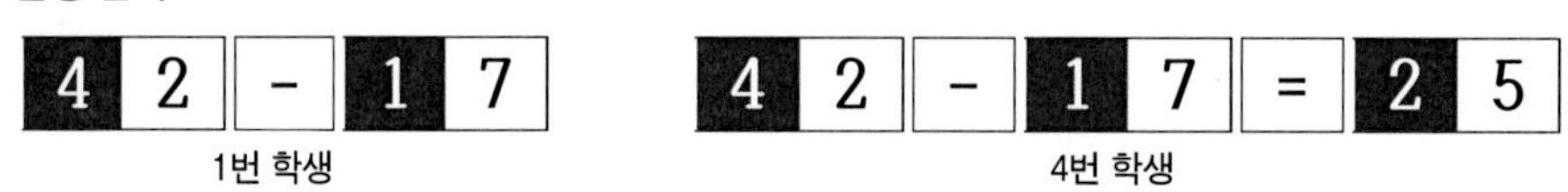

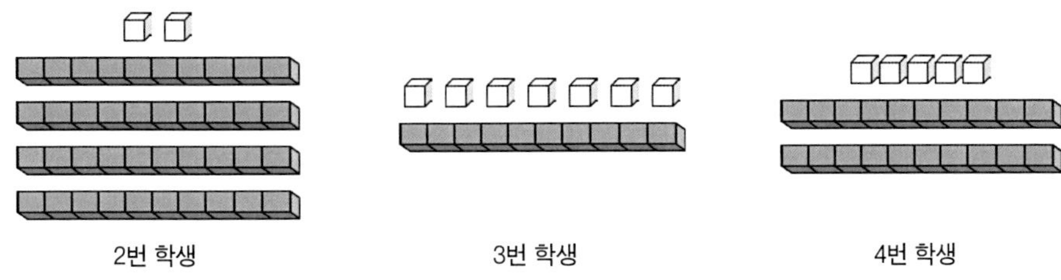


## 7) 덧셈과 뺄셈의 관계 (교과서 78~79쪽)

### 가) 활동 내용

❶ 수모형 10모형 1개를 1번, 낱개 3개는 2번, 7개는 3번 보드판에 놓는다.
❷ 뺄셈식 '10 - 3 = 7'을 쓴다.
❸ 뺄셈식 '10 - 7 = 3'을 쓴다.
❹ 덧셈식 '3 + 7 = 10, 7 + 3 = 10'을 쓴다.

### 나) 활동 결과

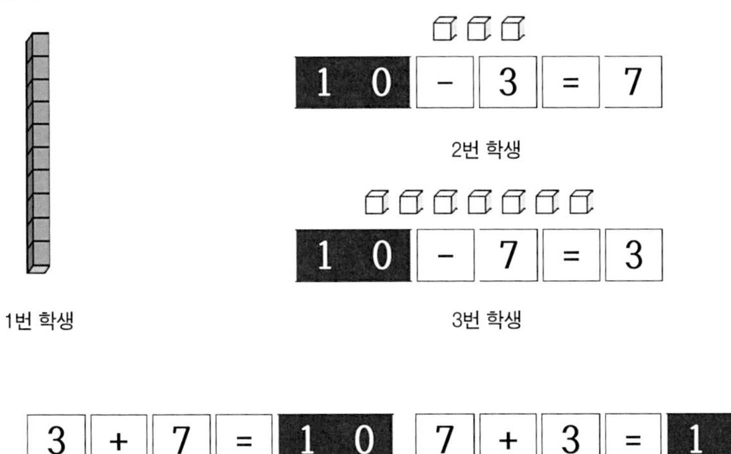


3 + 7 = 1 0, 7 + 3 = 1 0

4번 학생

## 8) □의 값 구하기 1 (교과서 80쪽)

### 가) 활동 내용

❶ '6 + □ = 9' 1번 보드판에 쓴다.
❷ 수모형 6개를 2번 보드판에 놓는다.
❸ 수모형 3개 (6과 합이 9가 되는)를 3번 보드판에 놓는다.
❹ 덧셈식 '6 + 3 = 9'를 4번 보드판에 쓴다.

### 나) 활동 결과

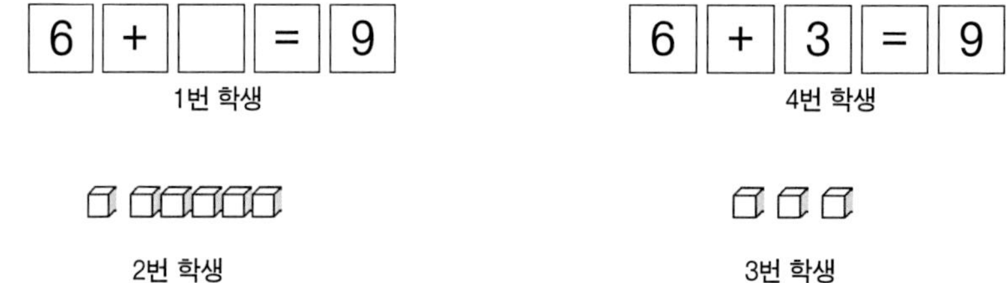


## 9) □의 값 구하기 2 (교과서 81쪽)

### 가) 활동 내용

❶ '15 - □ = 8' 1번 보드판에 쓴다.
❷ 수모형 10모형 1개, 낱개모형 5개를 2번 보드판에 놓는다.
❸ 10모형 1개를 낱개 10개로 교환하고 8개를 3번 보드판에 옮겨 놓는다.
❹ 2번에 남은 수모형을 4번 보드판에 옮겨 놓고 '15 - 7 = 8' 뺄셈식을 완성한다.

### 나) 활동 결과

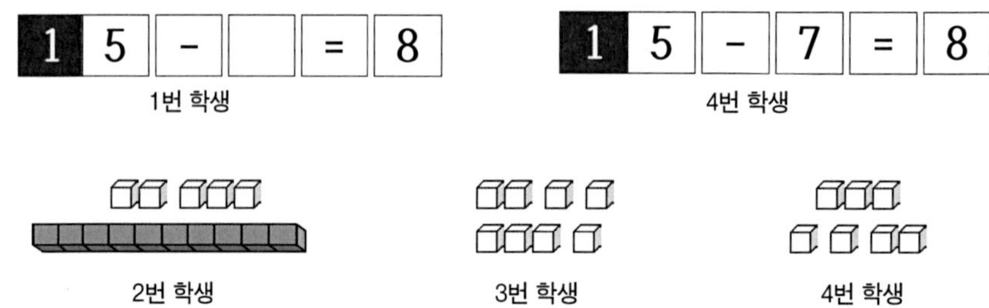

### 10) 세 수의 계산 (교과서 82~83쪽)

가) 활동 내용

❶ '28 + 16 - 14' 1번 보드판에 쓴다.

❷ 수모형 10모형 2개, 낱개 8개를 2번 보드판에 놓는다.

❸ 수모형 10모형 1개, 낱개 6개를 3번 보드판에 놓는다.

❹ 2번, 3번 보드판의 수모형을 4번 보드판에 옮겨 놓고 10모형 1개와 낱개 모형 4개를 덜어내고 '28 + 26 - 14 = 30'식을 완성한다.

나) 활동 결과

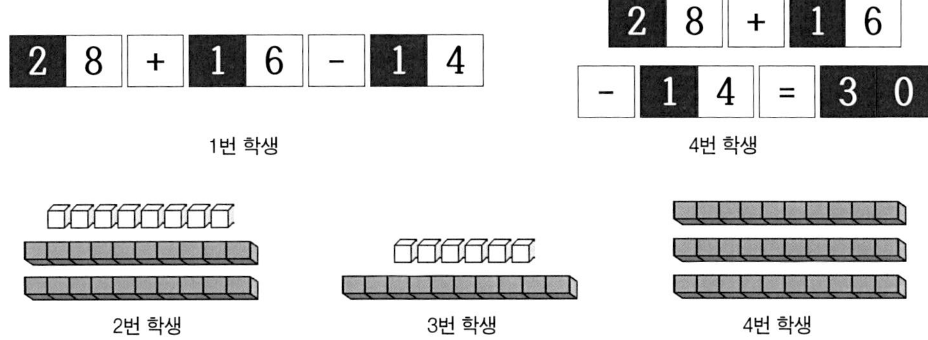


## 라. 성취기준별 활동 내용 (3학년 1학기)

| 학년 | 학기 | 단원 | 단원명 | 성취기준 |
|---|---|---|---|---|
| 3 | 1 | 1 | 덧셈과 뺄셈 | [4수 01 - 03]<br>세 자리 수의 덧셈과 뺄셈의 계산 원리를 이해하고 그 계산을 할 수 있다. |
| | | | | [4수 01 - 04]<br>세 자리 수의 덧셈과 뺄셈에서 계산 결과를 어림할 수 있다. |

### 1) 받아올림이 없는 세 자리 수의 덧셈 (교과서 12~13쪽)

가) 활동 내용

❶ '315 + 183' 1번 보드판에 쓴다.

❷ 산가지 315개를 2번 보드판에 놓는다.
❸ 산가지 183개를 3번 보드판에 놓는다.
❹ 2번, 3번 보드판의 산가지를 4번 보드판에 옮겨 놓고 덧셈식을 완성한다.

나) 활동 결과

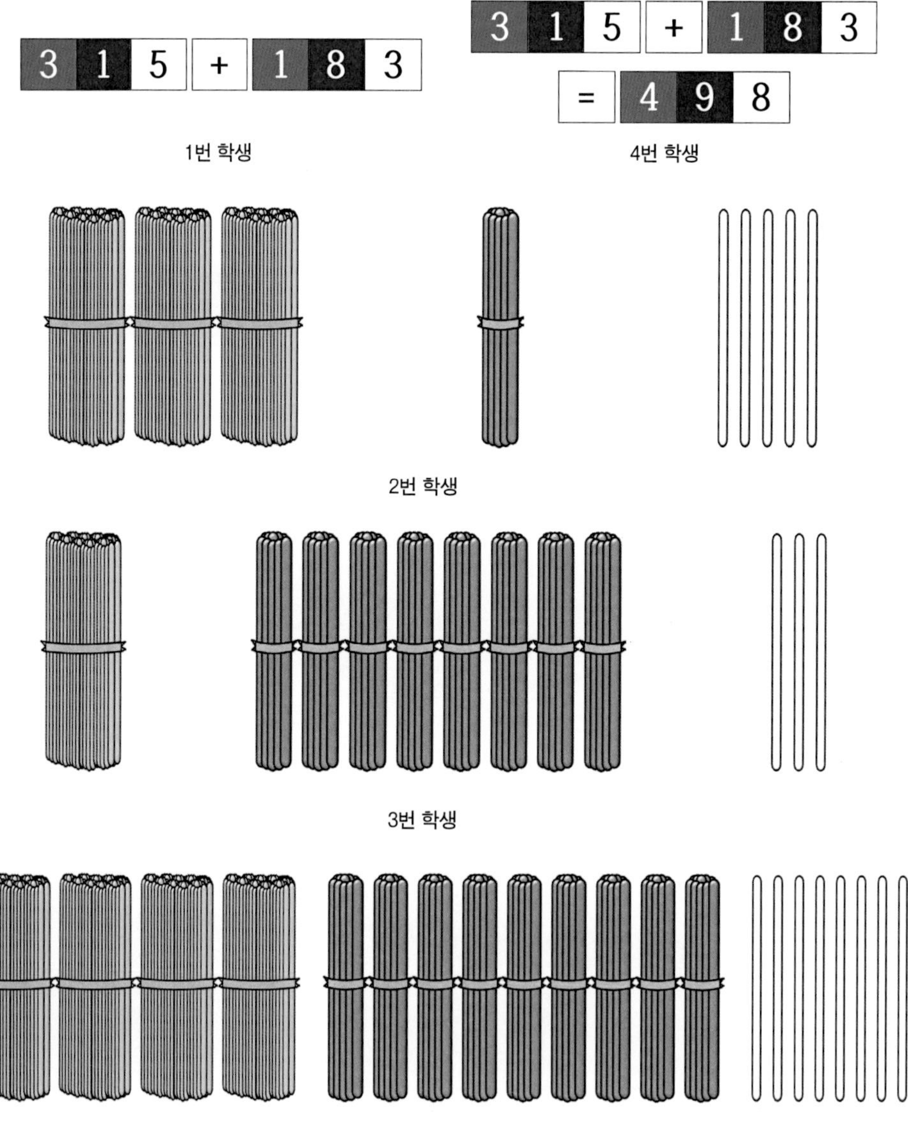

## 2) 일의 자리에서 받아올림이 있는 세 자리 수의 덧셈 (교과서 14~15쪽)

### 가) 활동 내용

❶ '132 + 129'를 1번 보드판에 쓰고 4번에게 답을 어림 계산하여 답변하게 한다.

❷ 산가지 132개를 2번 보드판에 놓는다.

❸ 산가지 129개를 3번 보드판에 놓는다.

❹ 2번, 3번 보드판의 산가지를 옮겨 놓고 낱개 10개는 10묶음으로 교환하여 덧셈식'132 + 129 = 261'을 완성하고 어림 계산과 비교한다.

### 나) 활동 결과

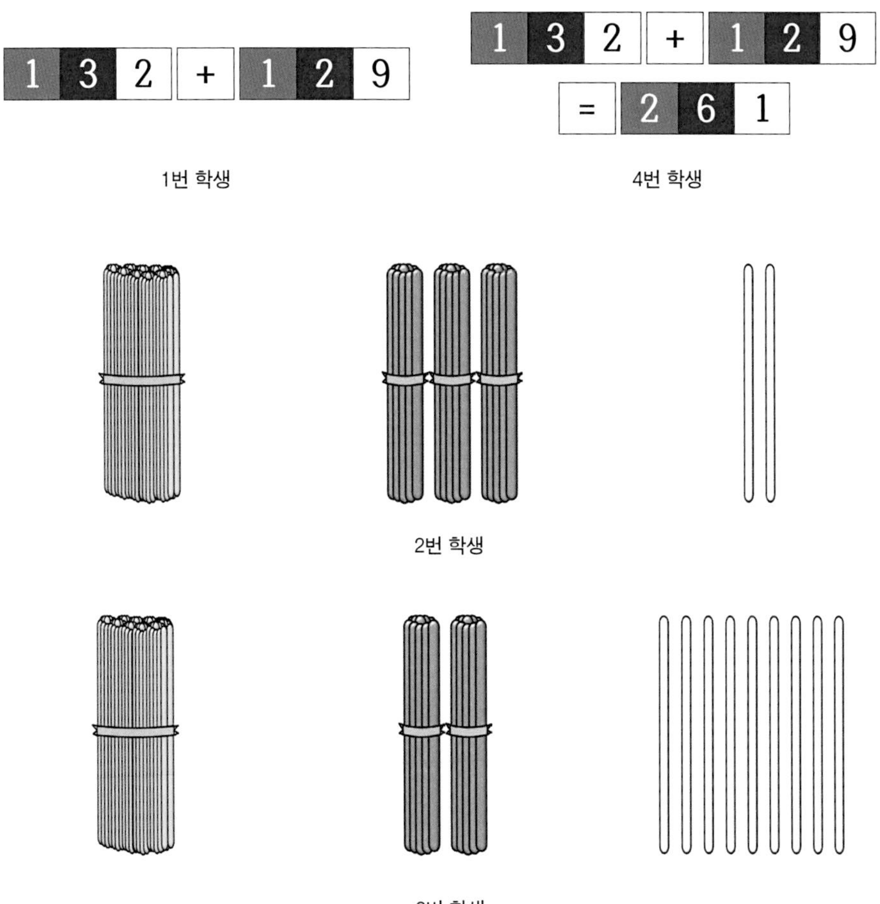

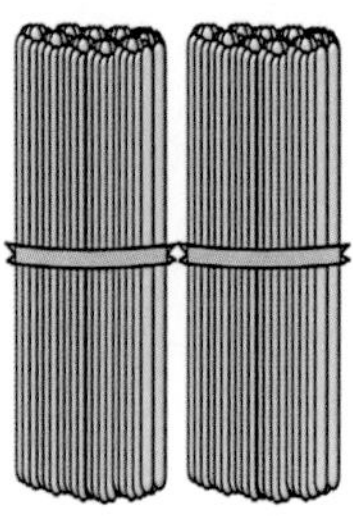
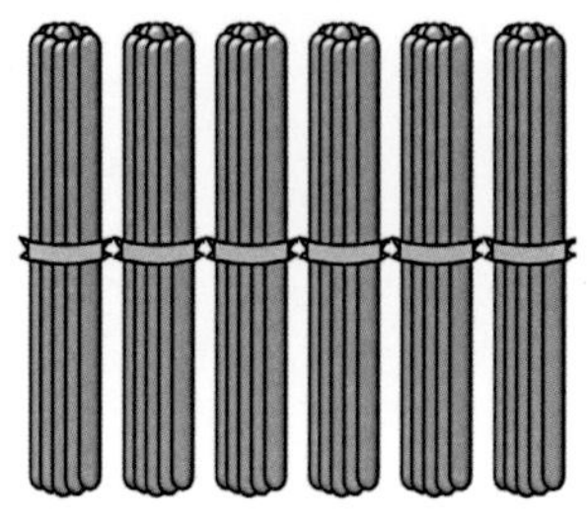
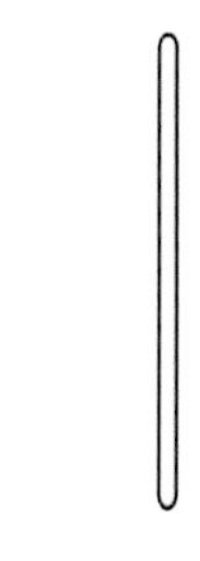

4번 학생

## 3) 받아올림이 두 번 있는 세 자리 수의 덧셈 (교과서 16~17쪽)

### 가) 활동 내용

❶ '185 + 267' 1번 보드판에 쓰고 4번에게 답을 어림 계산하여 답변하게 한다.

❷ 산가지 185개를 2번 보드판에 놓는다.

❸ 산가지 267개를 3번 보드판에 놓는다.

❹ 2번, 3번 보드판 위의 산가지를 세어 10묶음 10묶음은 100묶음 1개, 낱개 10개는 10묶음 1개로 교환하고 '185 + 267 = 452'식을 완성한다.

### 나) 활동 결과

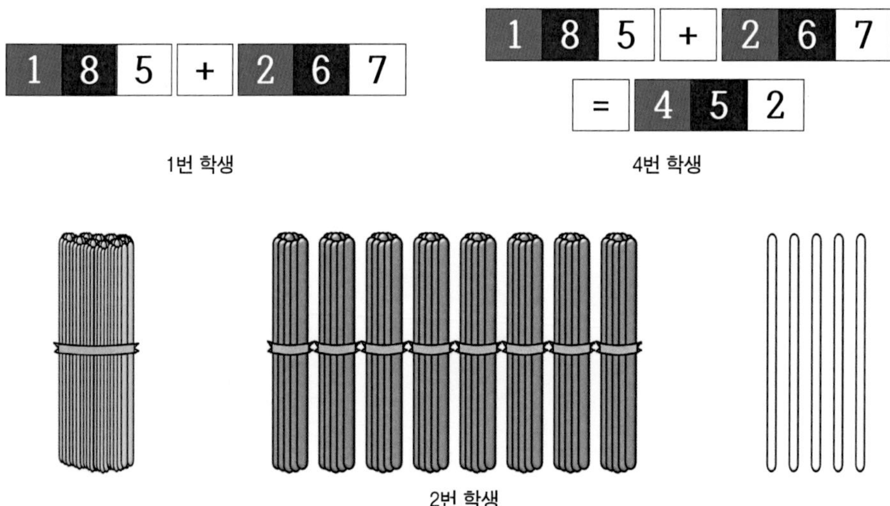


1번 학생

4번 학생

2번 학생

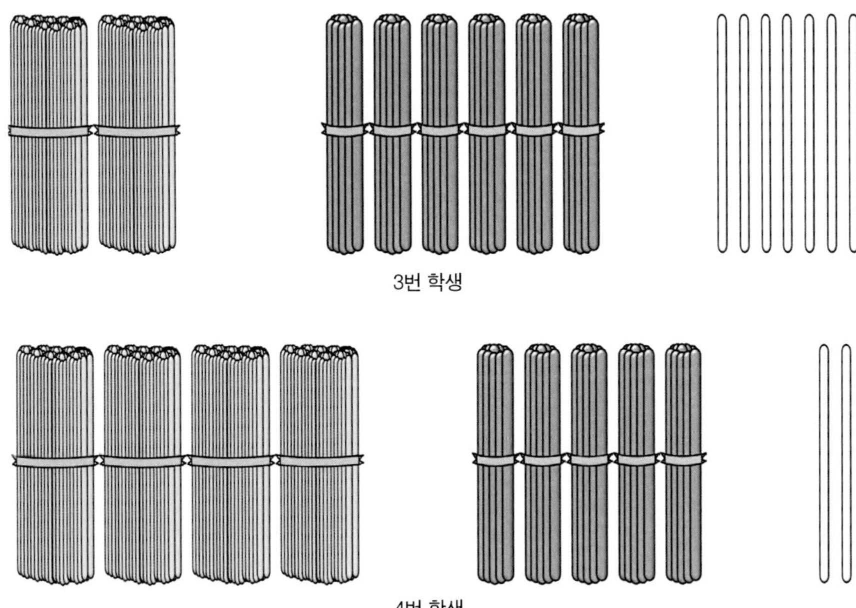
3번 학생

4번 학생

## 4) 받아내림이 없는 세 자리 수의 뺄셈 (교과서 18~19쪽)

### 가) 활동 내용

❶ '265 - 123' 1번 보드판에 쓰고 4번 학생에게 어림 계산하여 답변하게 한다.

❷ 산가지 265개를 2번 보드판에 놓는다.

❸ 2번 보드판 산가지 중 123개를 3번 보드판에 옮겨 놓는다.

❹ 2번 보드판의 남은 수모형을 4번 보드판에 옮겨 놓고 '265 - 123 = 142' 뺄셈식을 완성하고 어림 계산과 비교한다.

### 나) 활동 결과

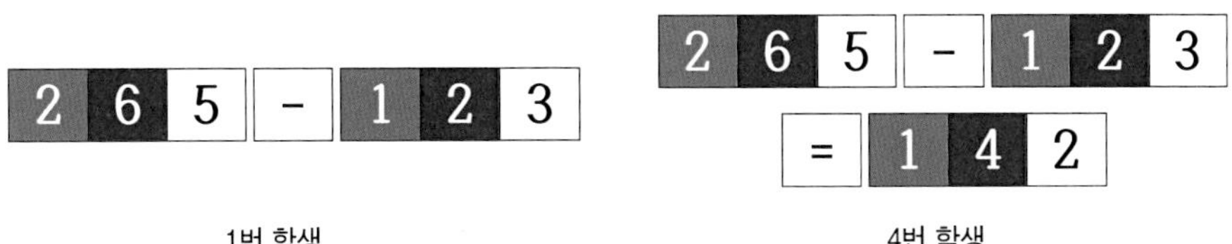

1번 학생

4번 학생

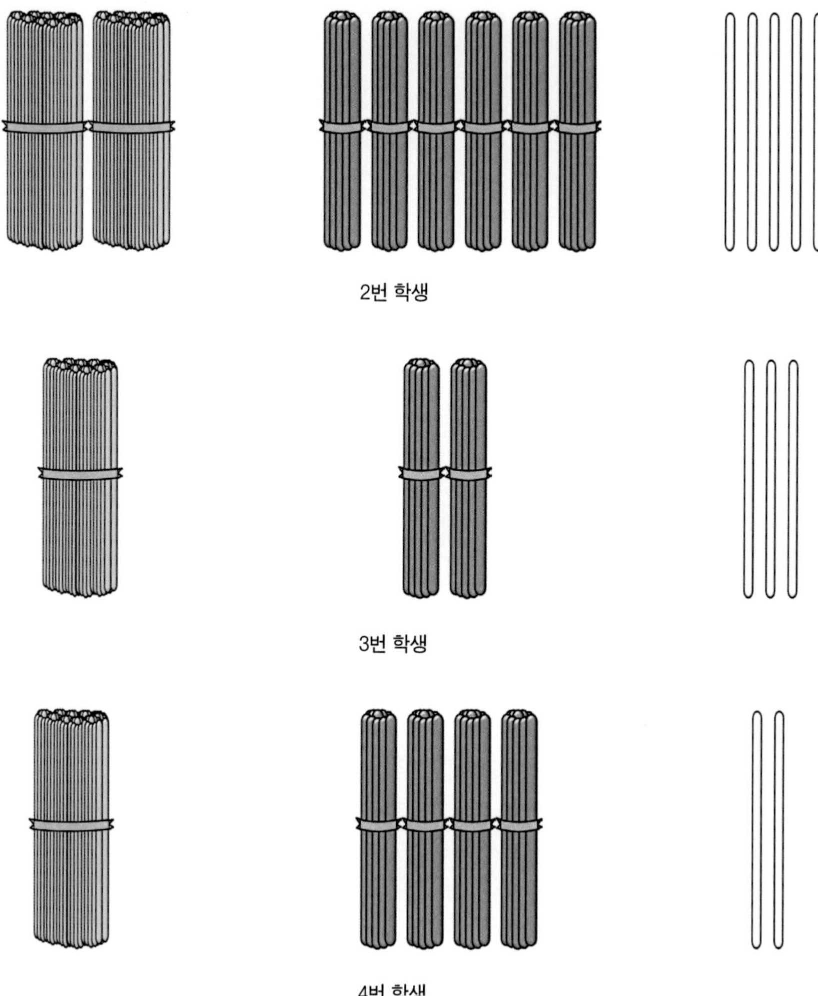


## 5) 일의 자리에서 받아내림이 있는 세 자리 수의 뺄셈 (교과서 20~21쪽)

가) 활동 내용

❶ '251 - 138' 1번 보드판에 쓰고 4번 학생에게 어림 계산하여 답변하게 한다.

❷ 산가지 251개를 2번 보드판에 놓는다.

❸ 2번 보드판에 있는 산가지 중 138개를 3번 보드판에 놓는다.
낱개 모형이 부족할 경우 10묶음을 낱개 10개로 교환하여 사용한다.

❹ 2번 보드판의 남은 산가지를 4번 보드판에 옮겨 놓고 '251 - 138 = 113' 뺄셈식을 완성하고 어림 계산과 비교한다.

나) 활동 결과

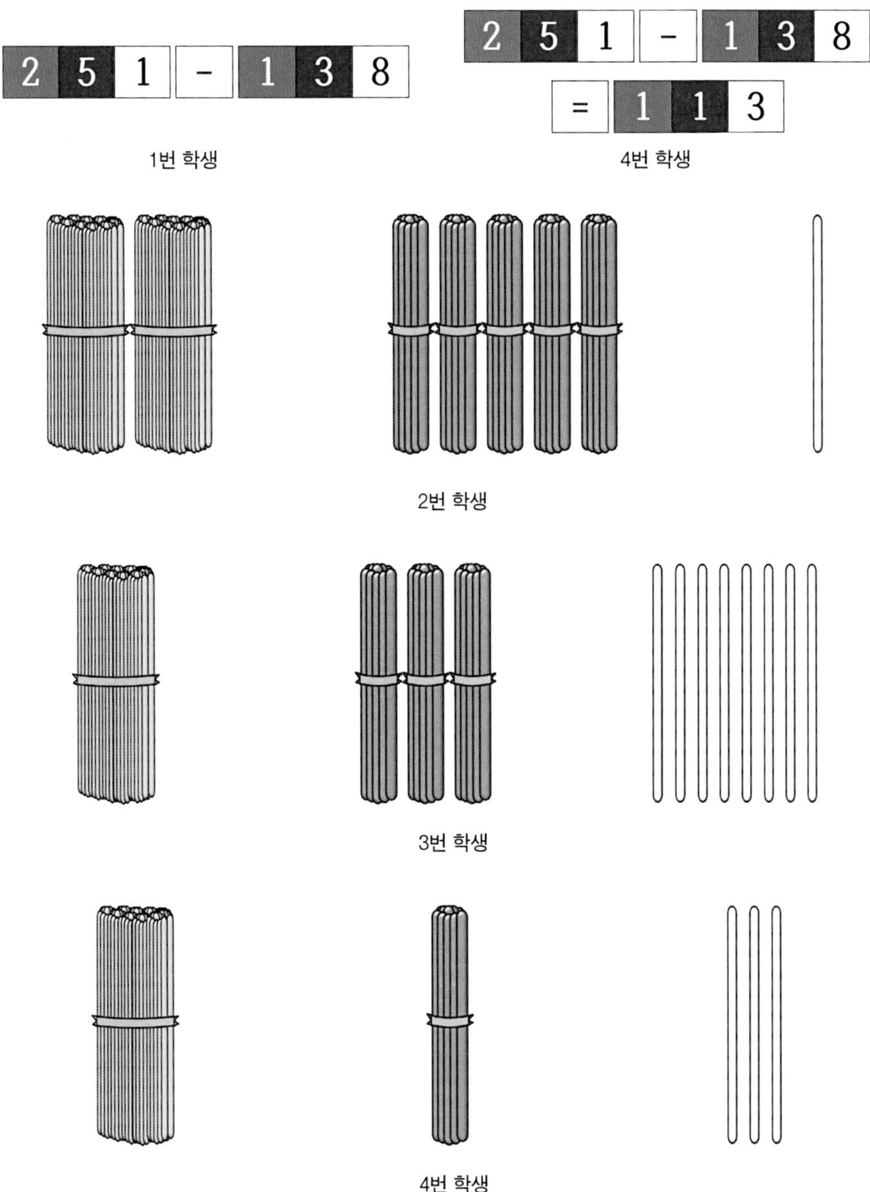


## 6) 받아내림이 두 번 있는 세 자리 수의 뺄셈 (교과서 22~23쪽)

가) 활동 내용

❶ '325 - 198' 1번 보드판에 쓰고 4번 학생에게 답을 어림 계산하여 답변하게 한다.

❷ 산가지 325개를 2번 보드판에 놓는다.

❸ 2번 보드판의 산가지 중 198개를 3번 보드판에 놓는다.
부족할 경우 100묶음은 10묶음 10묶음, 10묶음은 낱개 10개로 교환하여 사용한다.

❹ 2번 보드판의 남은 산가지를 4번 보드판에 옮겨 놓고 '325 - 198 = 127' 빼셈식을 완성하고 어림 계산과 비교한다.

나) 활동 결과

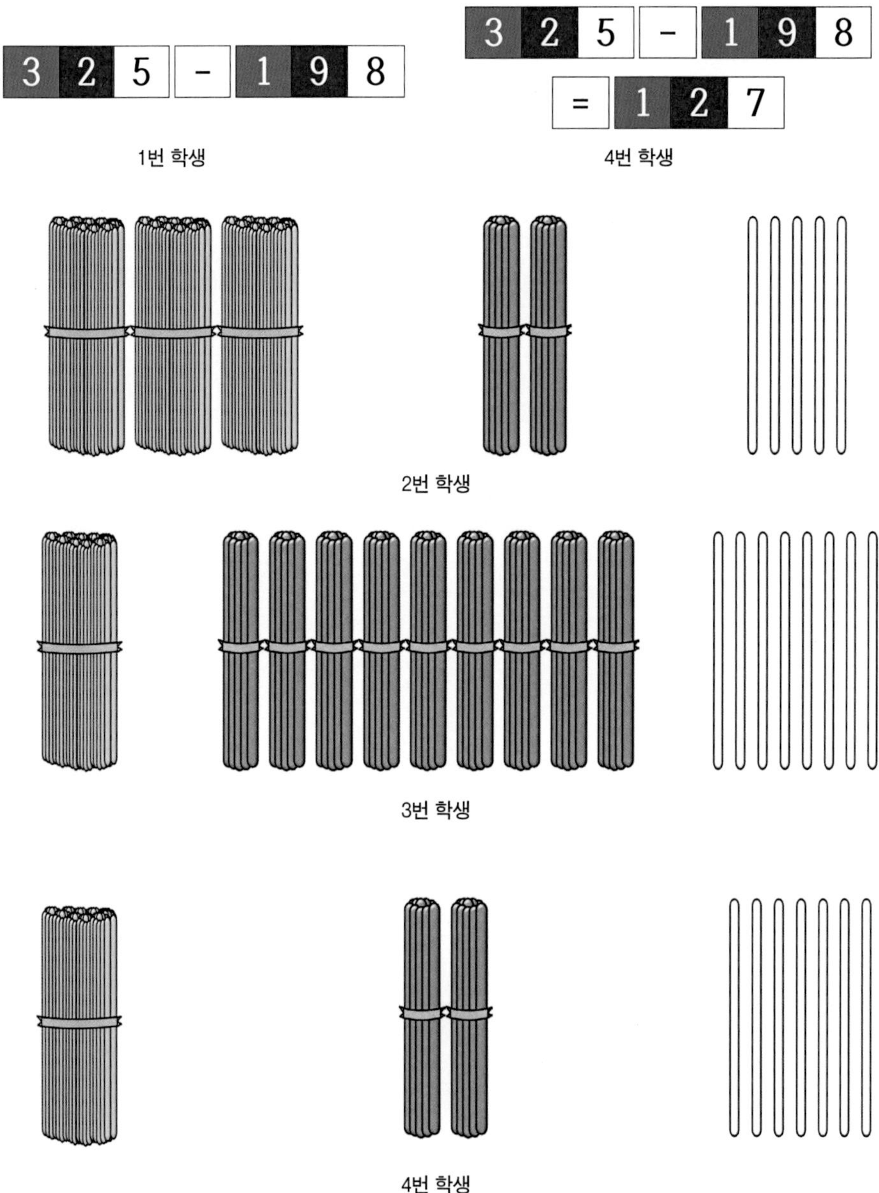

# 마. 성취기준별 활동 내용 (2학년 2학기)

| 학년 | 학기 | 단원 | 단원명 | 성취기준 |
|---|---|---|---|---|
| 2 | 2 | 2 | 곱셈구구 | [2수 01 - 11]<br>곱셈구구를 이해하고, 한 자리 수의 곱셈을 할 수 있다. |

## 1) 곱셈구구(2단) (교과서 30~31쪽)

### 가) 활동 내용

❶ 수모형 20개를 1번 보드판에 놓는다.

❷ 수모형 20개를 2개씩 묶는다.

❸ 수판에서 2개씩 띄어 세기를 하면서 ○ 표시한다.

❹ 2개씩 묶음 수의 덧셈식과 곱셈식으로 완성한다.

### 나) 활동 결과

1번 학생

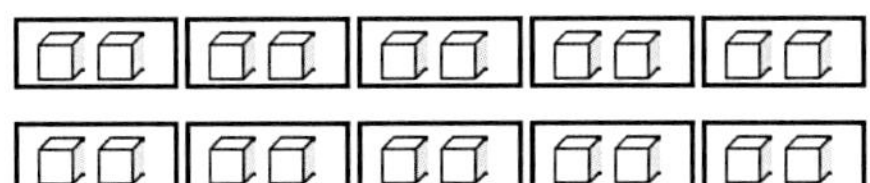

2번 학생

| 1 | ② | 3 | ④ | 5 | ⑥ | 7 | ⑧ | 9 | ⑩ |
|---|---|---|---|---|---|---|---|---|---|
| 11 | ⑫ | 13 | ⑭ | 15 | ⑯ | 17 | ⑱ | 19 | ⑳ |

3번 학생

| | | | |
|---|---|---|---|
| 2=2 | 2×1=2 | 2+2+2+2+2+2=12 | 2×6=12 |
| 2+2=4 | 2×2=4 | 2+2+2+2+2+2+2=14 | 2×7=14 |
| 2+2+2=6 | 2×3=6 | 2+2+2+2+2+2+2+2=16 | 2×8=16 |
| 2+2+2+2=8 | 2×4=8 | 2+2+2+2+2+2+2+2+2=18 | 2×9=18 |
| 2+2+2+2+2=10 | 2×5=10 | 2+2+2+2+2+2+2+2+2+2=20 | 2×10=20 |

4번 학생

## 2) 곱셈구구(5단) (교과서 32~33쪽)

### 가) 활동 내용

❶ 수모형 50개를 1번 보드판에 놓는다.

❷ 수모형 50개를 5개씩 묶는다.

❸ 수판에서 5개씩 띄어 세기를 하면서 ○ 표시한다.

❹ 5개씩 묶음 수의 덧셈식과 곱셈식으로 완성한다.

### 나) 활동 결과

1번 학생

2번 학생

| 1 | 2 | 3 | 4 | ⑤ | 6 | 7 | 8 | 9 | ⑩ |
|---|---|---|---|---|---|---|---|---|---|
| 11 | 12 | 13 | 14 | ⑮ | 16 | 17 | 18 | 19 | ⑳ |
| 21 | 22 | 23 | 24 | ㉕ | 26 | 27 | 28 | 29 | ㉚ |
| 31 | 32 | 33 | 34 | ㉟ | 36 | 37 | 38 | 39 | ㊵ |
| 41 | 42 | 43 | 44 | ㊺ | 46 | 47 | 48 | 49 | ㊿ |

3번 학생

| | | | |
|---|---|---|---|
| 5=5 | 5×1=5 | 5+5+5+5+5+5=30 | 5×6=30 |
| 5+5=10 | 5×2=10 | 5+5+5+5+5+5+5=35 | 5×7=35 |
| 5+5+5=15 | 5×3=15 | 5+5+5+5+5+5+5+5=40 | 5×8=40 |
| 5+5+5+5=20 | 5×4=20 | 5+5+5+5+5+5+5+5+5=45 | 5×9=45 |
| 5+5+5+5+5=25 | 5×5=25 | 5+5+5+5+5+5+5+5+5+5=50 | 5×10=50 |

4번학생

## 3) 곱셈구구(3단) (교과서 34~35쪽)

### 가) 활동 내용

❶ 수모형 30개를 1번 보드판에 놓는다.

❷ 수모형 30개를 3개씩 묶는다.

❸ 수판에서 3개씩 띄어 세기를 하면서 ○ 표시한다.

❹ 3개씩 묶음 수의 덧셈식과 곱셈식으로 완성한다.

### 나) 활동 결과

1번 학생

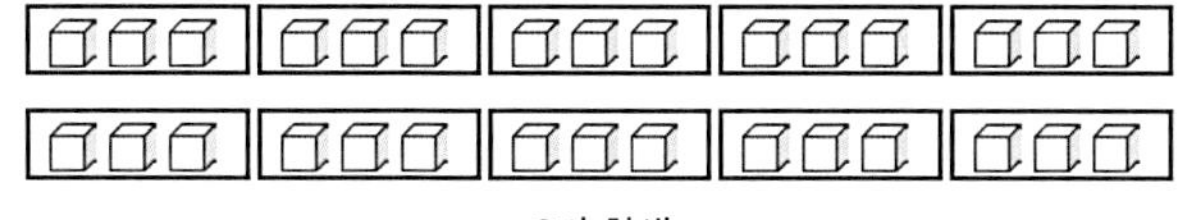

2번 학생

| 1 | 2 | ③ | 4 | 5 | ⑥ | 7 | 8 | ⑨ | 10 |
|---|---|---|---|---|---|---|---|---|---|
| 11 | ⑫ | 13 | 14 | ⑮ | 16 | 17 | ⑱ | 19 | 20 |
| ㉑ | 22 | 23 | ㉔ | 25 | 26 | ㉗ | 28 | 29 | ㉚ |

3번 학생

| | | | |
|---|---|---|---|
| 3=3 | 3×1=3 | 3+3+3+3+3+3=18 | 3×6=18 |
| 3+3=6 | 3×2=6 | 3+3+3+3+3+3+3=21 | 3×7=21 |
| 3+3+3=9 | 3×3=9 | 3+3+3+3+3+3+3+3=24 | 3×8=24 |
| 3+3+3+3=12 | 3×4=12 | 3+3+3+3+3+3+3+3+3=27 | 3×9=27 |
| 3+3+3+3+3=15 | 3×5=15 | 3+3+3+3+3+3+3+3+3+3=30 | 3×10=30 |

4번학생

## 4) 곱셈구구(6단) (교과서 36~37쪽)

### 가) 활동 내용

❶ 수모형 60개를 1번 보드판에 놓는다.

❷ 수모형 60개를 6개씩 묶는다.

❸ 수판에서 6개씩 띄어 세기를 하면서 ○ 표시한다.

❹ 6개씩 묶음 수의 덧셈식과 곱셈식으로 완성한다.

나) 활동 결과

1번 학생

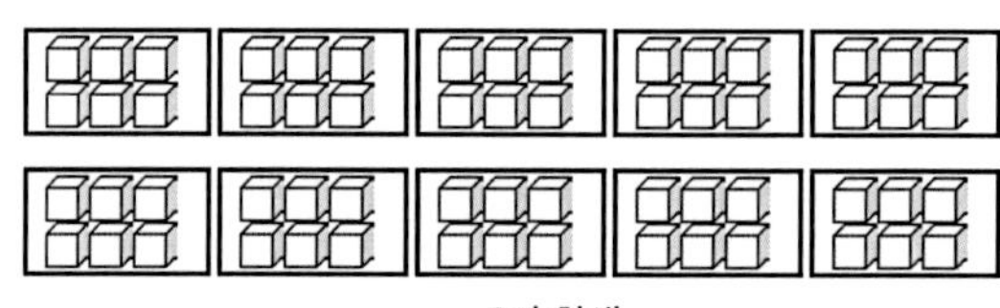

2번 학생

| 1 | 2 | 3 | 4 | 5 | ⑥ | 7 | 8 | 9 | 10 |
|---|---|---|---|---|---|---|---|---|---|
| 11 | ⑫ | 13 | 14 | 15 | 16 | 17 | ⑱ | 19 | 20 |
| 21 | 22 | 23 | ㉔ | 25 | 26 | 27 | 28 | 29 | ㉚ |
| 31 | 32 | 33 | 34 | 35 | ㊱ | 37 | 38 | 39 | 40 |
| 41 | ㊷ | 43 | 44 | 45 | 46 | 47 | ㊽ | 49 | 50 |
| 51 | 52 | 53 | (54) | 55 | 56 | 57 | 58 | 59 | (60) |

3번 학생

| 6=6 | 6×1=6 | 6+6+6+6+6+6=36 | 6×6=36 |
|---|---|---|---|
| 6+6=10 | 6×2=12 | 6+6+6+6+6+6+6=42 | 6×7=42 |
| 6+6+6=18 | 6×3=18 | 6+6+6+6+6+6+6+6=48 | 6×8=48 |
| 6+6+6+6=24 | 6×4=24 | 6+6+6+6+6+6+6+6+6=54 | 6×9=54 |
| 6+6+6+6+6=30 | 6×5=30 | 6+6+6+6+6+6+6+6+6+6=60 | 6×10=60 |

4번학생

## 5) 곱셈구구(4단) (교과서 38~39쪽)

가) 활동 내용

❶ 수모형 40개를 1번 보드판에 놓는다.

❷ 수모형 40개를 4개씩 묶는다.
❸ 수판에서 4개씩 띄어 세기를 하면서 ○ 표시한다.
❹ 4개씩 묶음 수의 덧셈식과 곱셈식으로 완성한다.

나) 활동 결과

1번 학생

2번 학생

| 1 | 2 | 3 | ④ | 5 | 6 | 7 | ⑧ | 9 | 10 |
|---|---|---|---|---|---|---|---|---|---|
| 11 | ⑫ | 13 | 14 | 15 | ⑯ | 17 | 18 | 19 | ⑳ |
| 21 | 22 | 23 | ㉔ | 25 | 26 | 27 | ㉘ | 29 | 30 |
| 31 | ㉜ | 33 | 34 | 35 | ㊱ | 37 | 38 | 39 | ㊵ |

3번 학생

| | | | |
|---|---|---|---|
| 4=4 | 4×1=4 | 4+4+4+4+4+4=24 | 4×6=24 |
| 4+4=8 | 4×2=8 | 4+4+4+4+4+4+4=28 | 4×7=28 |
| 4+4+4=12 | 4×3=12 | 4+4+4+4+4+4+4+4=32 | 4×8=32 |
| 4+4+4+4=16 | 4×4=16 | 4+4+4+4+4+4+4+4+4=36 | 4×9=36 |
| 4+4+4+4+4=20 | 4×5=20 | 4+4+4+4+4+4+4+4+4+4=40 | 4×10=40 |

4번학생

## 6) 곱셈구구(8단) (교과서 40~41쪽)

가) 활동 내용

❶ 수모형 80개를 1번 보드판에 놓는다.
❷ 수모형 80개를 8개씩 묶는다.
❸ 수판에서 8개씩 띄어 세기를 하면서 ○ 표시한다.
❹ 8개씩 묶음 수의 덧셈식과 곱셈식으로 완성한다.

나) 활동 결과

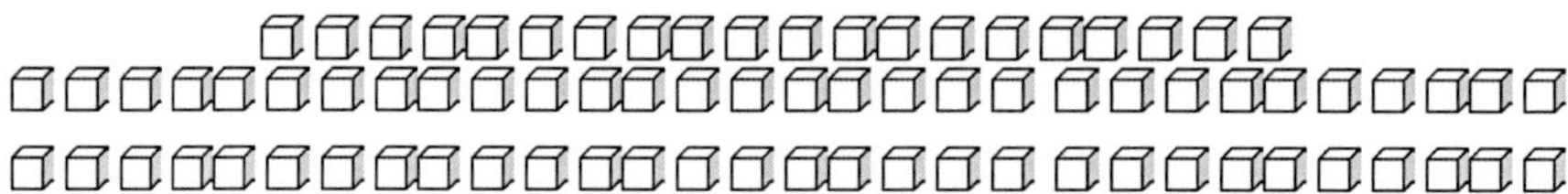

1번 학생

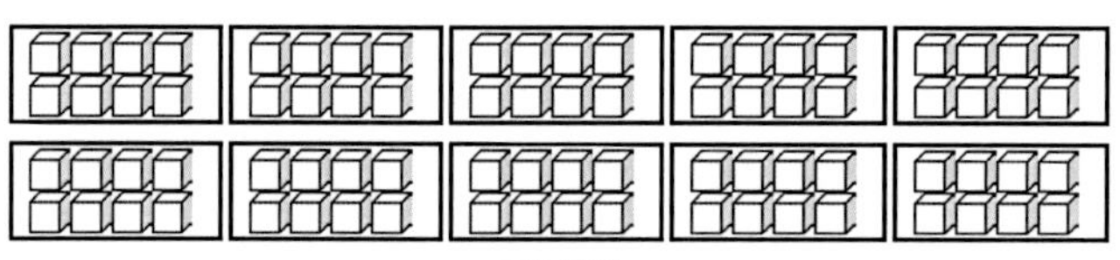

2번 학생

| 1 | 2 | 3 | 4 | 5 | 6 | 7 | ⑧ | 9 | 10 |
|---|---|---|---|---|---|---|---|---|---|
| 11 | 12 | 13 | 14 | 15 | ⑯ | 17 | 18 | 19 | 20 |
| 21 | 22 | 23 | ㉔ | 25 | 26 | 27 | 28 | 29 | 30 |
| 31 | ㉜ | 33 | 34 | 35 | 36 | 37 | 38 | 39 | ㊵ |
| 41 | 42 | 43 | 44 | 45 | 46 | 47 | ㊽ | 49 | 50 |
| 51 | 52 | 53 | 54 | 55 | (56) | 57 | 58 | 59 | 60 |
| 61 | 62 | 63 | (64) | 65 | 66 | 67 | 68 | 69 | 70 |
| 71 | (72) | 73 | 74 | 75 | 76 | 77 | 78 | 79 | (80) |

4번 학생

| | | | |
|---|---|---|---|
| 8=8 | 8×1=8 | 8+8+8+8+8+8=48 | 8×6=48 |
| 8+8=16 | 8×2=16 | 8+8+8+8+8+8+8=56 | 8×7=56 |
| 8+8+8=24 | 8×3=24 | 8+8+8+8+8+8+8+8=64 | 8×8=64 |
| 8+8+8+8=32 | 8×4=32 | 8+8+8+8+8+8+8+8+8=72 | 8×9=72 |
| 8+8+8+8+8=40 | 8×5=40 | 8+8+8+8+8+8+8+8+8+8=80 | 8×10=80 |

4번학생

## 7) 곱셈구구(7단) (교과서 42~43쪽)

가) 활동 내용

❶ 수모형 70개를 1번 보드판에 놓는다.

❷ 수모형 70개를 7개씩 묶는다.

❸ 수판에서 7개씩 띄어 세기를 하면서 ○ 표시한다.

❹ 7개씩 묶음 수의 덧셈식과 곱셈식으로 완성한다.

### 나) 활동 결과

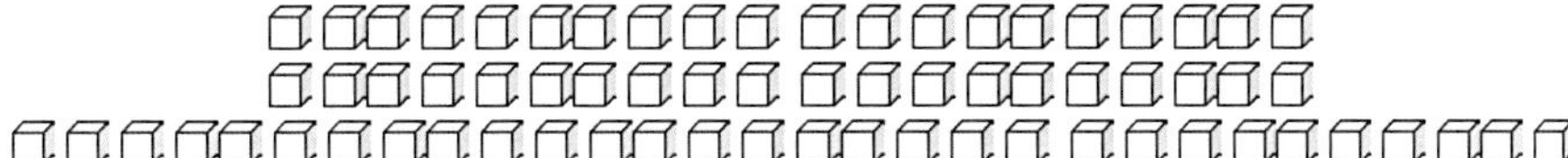

1번 학생

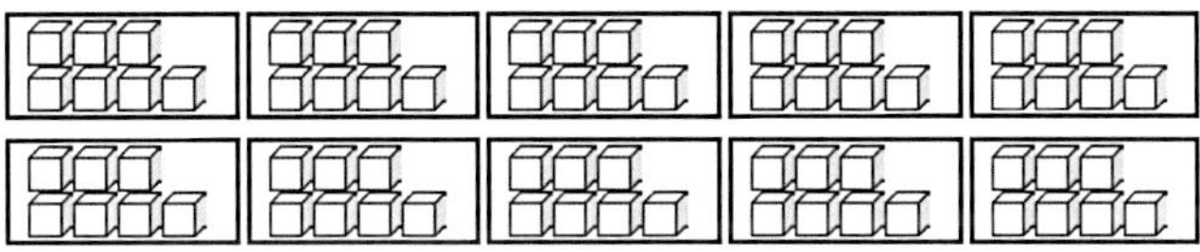

2번 학생

| 1 | 2 | 3 | 4 | 5 | 6 | (7) | 8 | 9 | 10 |
|---|---|---|---|---|---|---|---|---|---|
| 11 | 12 | 13 | (14) | 15 | 16 | 17 | 18 | 19 | 20 |
| (21) | 22 | 23 | 24 | 25 | 26 | 27 | 28 | 29 | 30 |
| 31 | 32 | 33 | 34 | (35) | 36 | 37 | 38 | 39 | 40 |
| 41 | (42) | 43 | 44 | 45 | 46 | 47 | 48 | (49) | 50 |
| 51 | 52 | 53 | 54 | 55 | (56) | 57 | 58 | 59 | 60 |
| 61 | 62 | (63) | 64 | 65 | 66 | 67 | 68 | 69 | (70) |

4번 학생

7=7 7×1=7
7+7=14 7×2=14
7+7+7=21 7×3=21
7+7+7+7=28 7×4=28
7+7+7+7+7=35 7×5=35

7+7+7+7+7+7=42 7×6=42
7+7+7+7+7+7+7=49 7×7=49
7+7+7+7+7+7+7+7=56 7×8=56
7+7+7+7+7+7+7+7+7=53 7×9=63
7+7+7+7+7+7+7+7+7+7=70 7×10=70

4번학생

## 8) 곱셈구구(9단) (교과서 44~45쪽)

### 가) 활동 내용

❶ 수모형 90개를 1번 보드판에 놓는다.

❷ 수모형 90개를 9개씩 묶는다.

❸ 수판에서 9개씩 띄어 세기를 하면서 ○ 표시한다.

❹ 9개씩 묶음 수의 덧셈식과 곱셈식으로 완성한다.

나) 활동 결과

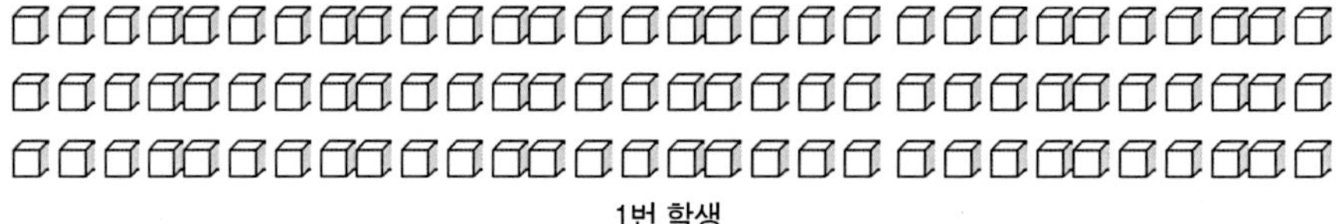

1번 학생

2번 학생

| 1 | 2 | 3 | 4 | 5 | 6 | 7 | 8 | ⑨ | 10 |
|---|---|---|---|---|---|---|---|---|---|
| 11 | 12 | 13 | 14 | 15 | 16 | 17 | ⑱ | 19 | 20 |
| 21 | 22 | 23 | 24 | 25 | 26 | ㉗ | 28 | 29 | 30 |
| 31 | 32 | 33 | 34 | 35 | ㊱ | 37 | 38 | 39 | 40 |
| 41 | 42 | 43 | 44 | ㊺ | 46 | 47 | 48 | 49 | 50 |
| 51 | 52 | 53 | (54) | 55 | 56 | 57 | 58 | 59 | 60 |
| 61 | 62 | (63) | 64 | 65 | 66 | 67 | 68 | 69 | 70 |
| 71 | (72) | 73 | 74 | 75 | 76 | 77 | 78 | 79 | 80 |
| (81) | 82 | 83 | 84 | 85 | 86 | 87 | 88 | 89 | (90) |

4번 학생

| | | | |
|---|---|---|---|
| 9=9 | 9×1=9 | 9+9+9+9+9+9=54 | 9×6=54 |
| 9+9=18 | 9×2=18 | 9+9+9+9+9+9+9=63 | 9×7=63 |
| 9+9+9=27 | 9×3=27 | 9+9+9+9+9+9+9+9=72 | 9×8=72 |
| 9+9+9+9=36 | 9×4=36 | 9+9+9+9+9+9+9+9+9=81 | 9×9=81 |
| 9+9+9+9+9=45 | 9×5=45 | 9+9+9+9+9+9+9+9+9+9=90 | 9×10=90 |

4번학생

## 9) 곱셈구구(10단)

가) 활동 내용

1. 수모형 100개를 1번 보드판에 놓는다.
2. 수모형 100개를 10개씩 묶는다.
3. 수판에서 10개씩 띄어 세기를 하면서 ○ 표시한다.
4. 10개씩 묶음 수의 덧셈식과 곱셈식으로 완성한다.

나) 활동 결과

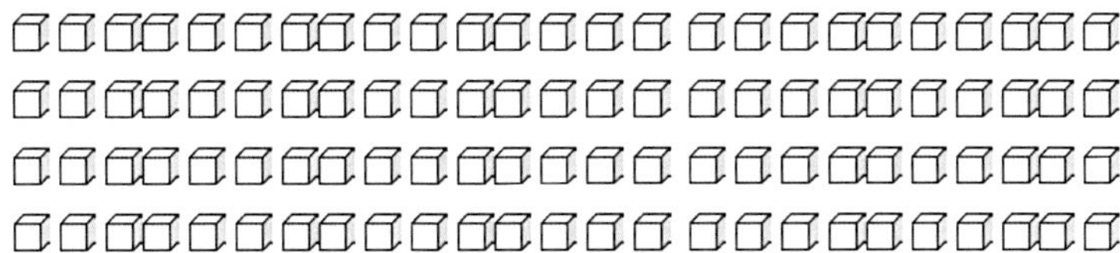

1번 학생

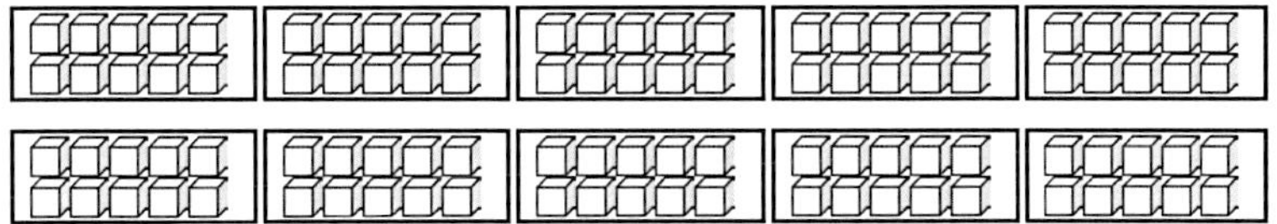

2번 학생

| 1 | 2 | 3 | 4 | 5 | 6 | 7 | 8 | 9 | ⑩ |
|---|---|---|---|---|---|---|---|---|---|
| 11 | 12 | 13 | 14 | 15 | 16 | 17 | 18 | 19 | ⑳ |
| 21 | 22 | 23 | 24 | 25 | 26 | 27 | 28 | 29 | ㉚ |
| 31 | 32 | 33 | 34 | 35 | 36 | 37 | 38 | 39 | ㊵ |
| 41 | 42 | 43 | 44 | 45 | 46 | 47 | 48 | 49 | ㊿ |
| 51 | 52 | 53 | 54 | 55 | 56 | 57 | 58 | 59 | (60) |
| 61 | 62 | 63 | 64 | 65 | 66 | 67 | 68 | 69 | (70) |
| 71 | 72 | 73 | 74 | 75 | 76 | 77 | 78 | 79 | (80) |
| 81 | 82 | 83 | 84 | 85 | 86 | 87 | 88 | 89 | (90) |
| 91 | 92 | 93 | 94 | 95 | 96 | 97 | 98 | 99 | (100) |

3번 학생

| | | | |
|---|---|---|---|
| 10=10 | 10×1=10 | 10+10+10+10+10+10=60 | 10×6=60 |
| 10+10=20 | 10×2=20 | 10+10+10+10+10+10+10=70 | 10×7=70 |
| 10+10+10=30 | 10×3=30 | 10+10+10+10+10+10+10+10=80 | 10×8=80 |
| 10+10+10+10=40 | 10×4=40 | 10+10+10+10+10+10+10+10+10=90 | 10×9=90 |
| 10+10+10+10+10=50 | 10×5=50 | 10+10+10+10+10+10+10+10+10+10=100 | 10×10=100 |

4번학생

## 10) 곱셈 익히기 1 (교과서 46~47쪽)

가) 활동 내용

❶, ❸ 곱셈구구 가로표를 1단~9단까지 하나씩 들고 보고 읽거나, 암기하며 말한다.

❷, ❹ 1, 3번 학생이 곱셈구구를 말할 때 수판에 보드마커로 표시한다.

## 11) 곱셈 익히기 2 (교과서 46~47쪽)

가) 활동 내용

❶, ❸ 곱셈구구 세로표를 1단~9단까지 하나씩 들고 보고 읽거나, 암기하며 말한다.

❷, ❹ 1, 3번 학생이 곱셈구구를 말할 때 수판에 보드마커로 표시한다.

## 12) 곱셈 익히기 3 (교과서 46~47쪽)

가) 활동 내용

❶ 곱셈구구 가로표를 1단~9단까지 하나씩 들고 보고 읽거나, 암기하며 말한다.

❷ 1번 학생이 곱셈구구를 암기할 때 곱셈구구 일의 자리판을 완성한다.

❸, ❹ 1번 학생이 곱셈구구를 암기할 때 수판에서 띄어세기를 완성한다.

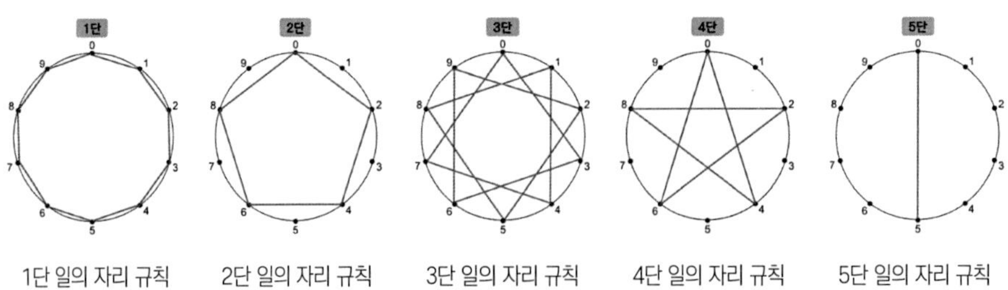


1단 일의 자리 규칙 2단 일의 자리 규칙 3단 일의 자리 규칙 4단 일의 자리 규칙 5단 일의 자리 규칙

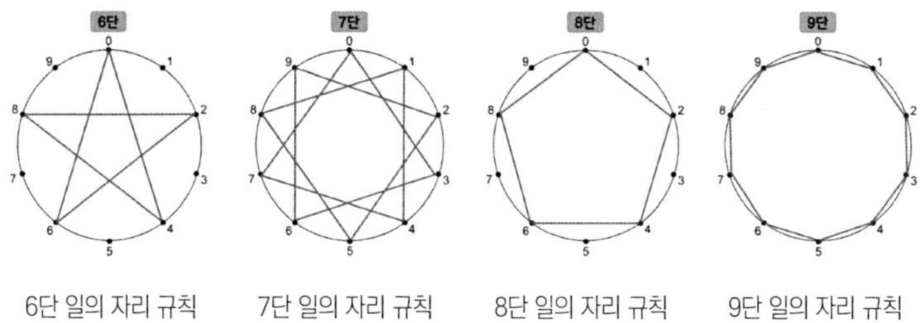


6단 일의 자리 규칙　7단 일의 자리 규칙　8단 일의 자리 규칙　9단 일의 자리 규칙

## 바. 성취기준별 활동 내용 (3학년 1학기)

| 학년 | 학기 | 단원 | 단원명 | 성취기준 |
|---|---|---|---|---|
| 3 | 1 | 4 | 곱셈 | [4수 01 - 05]<br>곱하는 수가 한 자리 수 또는 두 자리 수인 곱셈의 계산 원리를 이해하고 그 계산을 할 수 있다. |
| | | | | [4수 01 - 06]<br>곱하는 수가 한 자리 수 또는 두 자리 수인 곱셈에서 계산 결과를 어림할 수 있다. |

### 1) (몇십) × (몇) (교과서 74~75쪽)

가) 활동 내용

❶ '20 × 3' 1번 보드판에 쓰고 4번 학생에게 어림 계산하여 답변하게 한다.
❷ 수모형 10모형 2개씩 묶어 3묶음을 2번 보드판에 놓는다.
❸ '20 + 20 + 20 = 60' 덧셈식을 3번 보드판에 완성한다.
❹ '20 × 3 = 60' 곱셈식을 완성하고 어림 계산과 비교한다.

나) 활동 결과

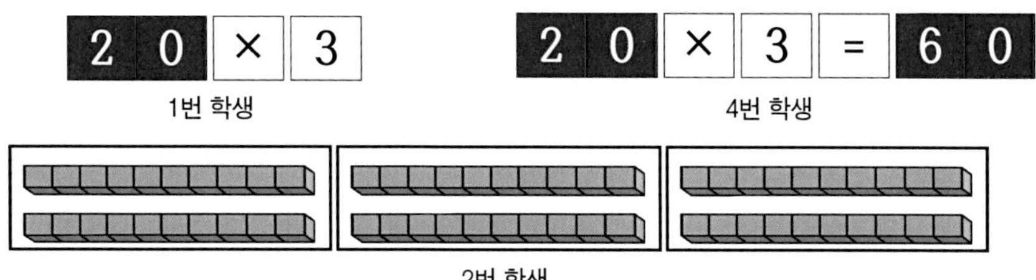

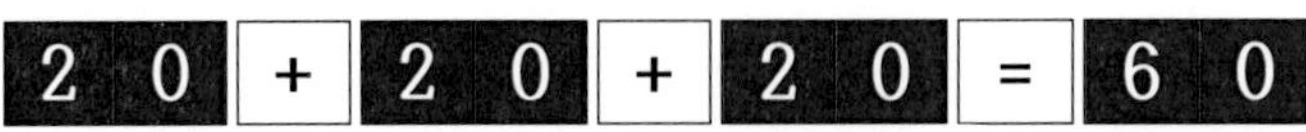

3번 학생

## 2) (몇십몇) × (몇) 1 (교과서 76~77쪽)

### 가) 활동 내용

❶ '12 × 4' 1번 보드판에 쓰고 4번 학생에게 어림 계산하여 답변하게 한다.
❷ 수모형 10모형 1개 낱개 2를 4묶음을 2번 보드판에 놓는다.
❸ '12 + 12 + 12 + 12 = 48'의 덧셈식을 3번 보드판에 완성한다.
❹ '12 × 4 = 48'의 곱셈식을 세로셈으로 완성하고 어림 계산과 비교한다.

### 나) 활동 결과

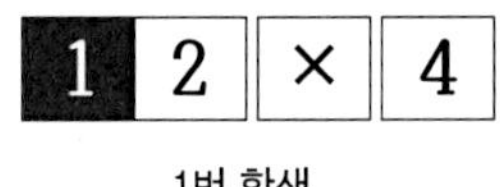

1번 학생

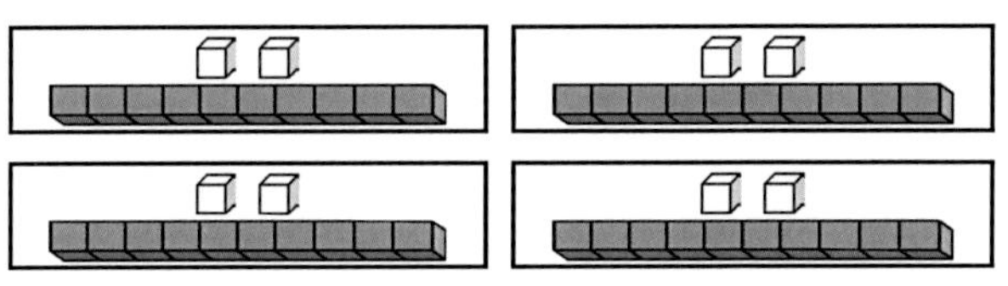

2번 학생

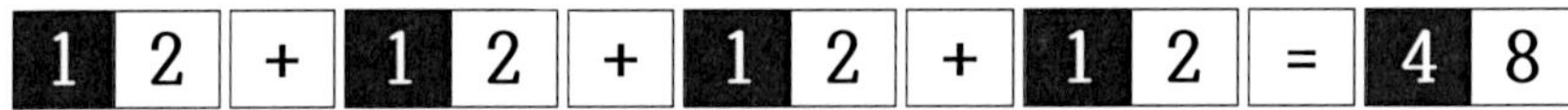

3번 학생

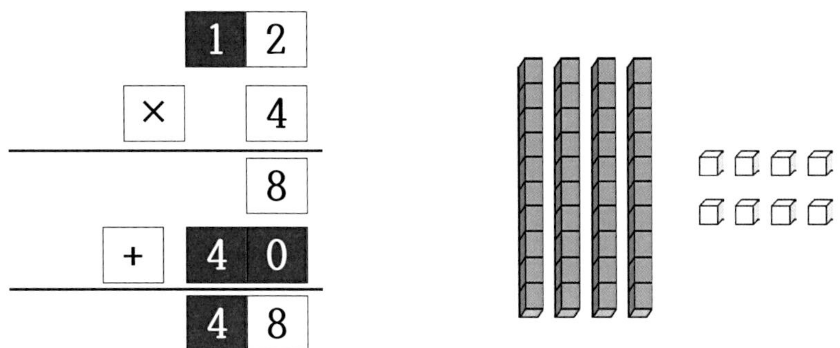

4번 학생

### 3) (몇십몇) × (몇) 2 (교과서 78~79쪽)

가) 활동 내용

❶ '31 × 4' 1번 보드판에 쓰고 4번 학생에게 어림 계산하여 답변하게 한다.
❷ 수모형 31 4묶음을 2번 보드판에 놓는다.
❸ '31 + 31 + 31 + 31 = 124' 덧셈식을 3번 보드판에 완성한다.
❹ '31 × 4 = 124' 곱셈식을 세로셈으로 완성하고 어림 계산과 비교한다.

나) 활동 결과

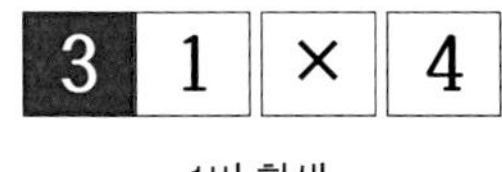

1번 학생

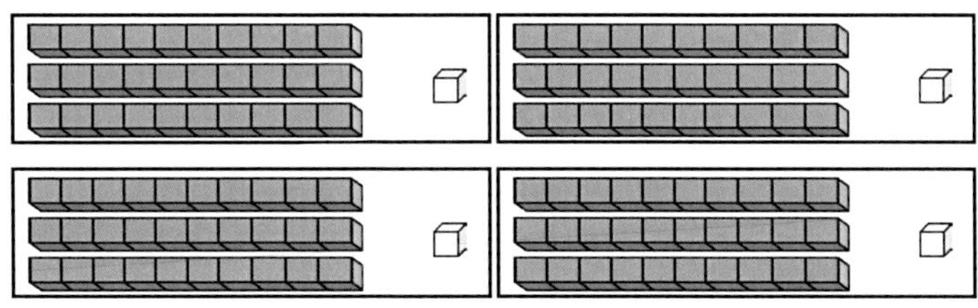

2번 학생

3번 학생

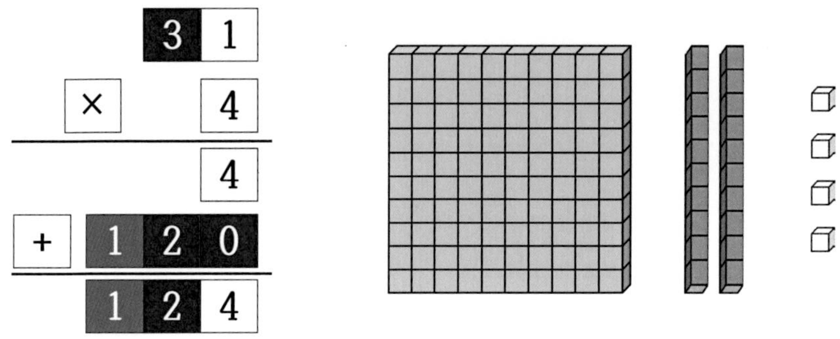


4번 학생

## 4) (몇십몇) × (몇) 3 (교과서 80~81쪽)

가) 활동 내용

❶ '17 × 3' 1번 보드판에 쓰고 4번 학생에게 어림 계산하여 답변하게 한다.

❷ 수모형 17개 3묶음을 2번 보드판에 놓는다.

❸ '17 + 17 + 17 = 51' 덧셈식을 3번 보드판에 완성한다.

❹ '17 × 3 = 51' 곱셈식을 세로셈으로 완성하고 어림 계산과 비교한다.

나) 활동 결과

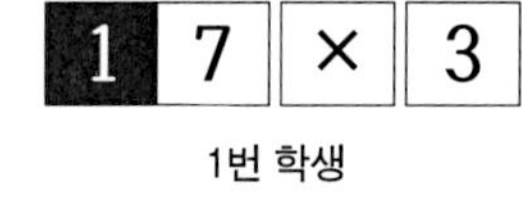


1번 학생

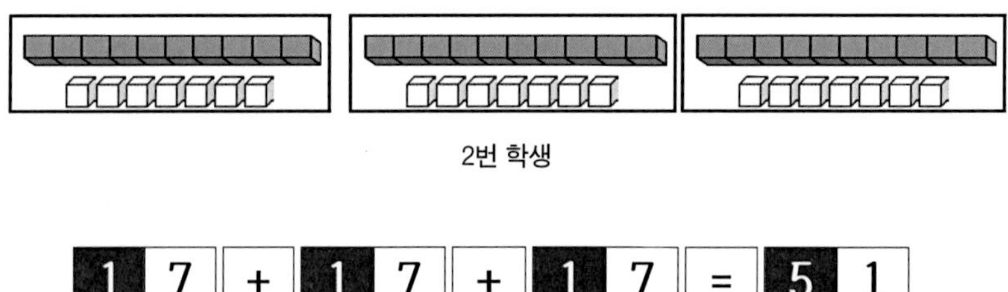


2번 학생

3번 학생

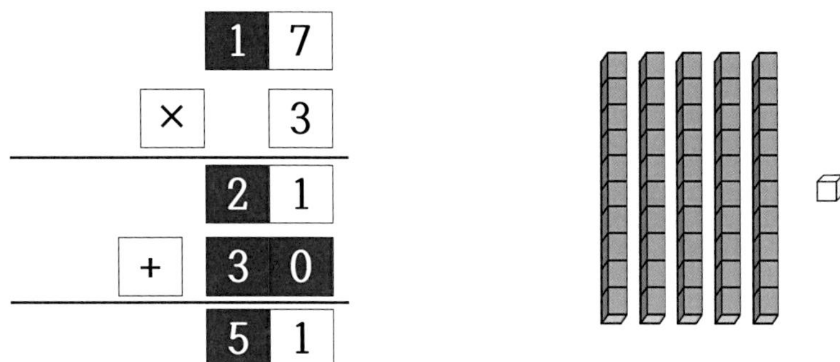

4번 학생

## 5) (몇십몇) × (몇) 4 (교과서 82~83쪽)

### 가) 활동 내용

❶ '36 × 4' 1번 보드판에 쓰고 4번 학생에게 어림 계산하여 답변하게 한다.
❷ 수모형 36개 4묶음을 2번 보드판에 놓는다.
❸ '36 + 36 + 36 + 36 = 144' 덧셈식을 3번 보드판에 완성한다.
❹ '36 × 4 = 144' 곱셈식을 세로셈으로 완성하고 어림 계산과 비교한다.

### 나) 활동 결과

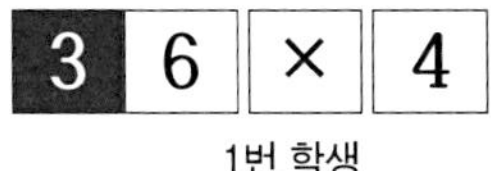

1번 학생

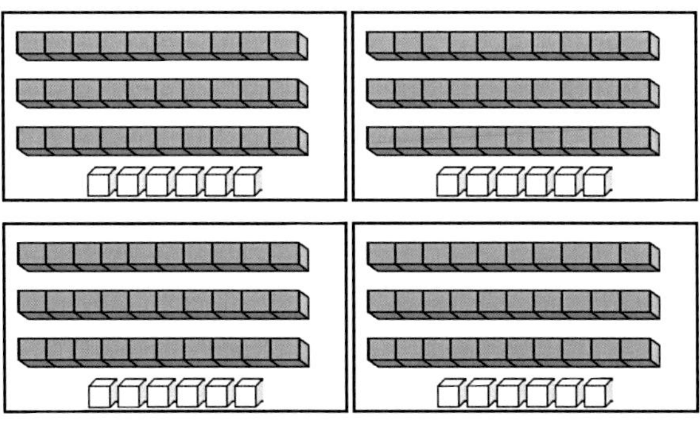
2번 학생

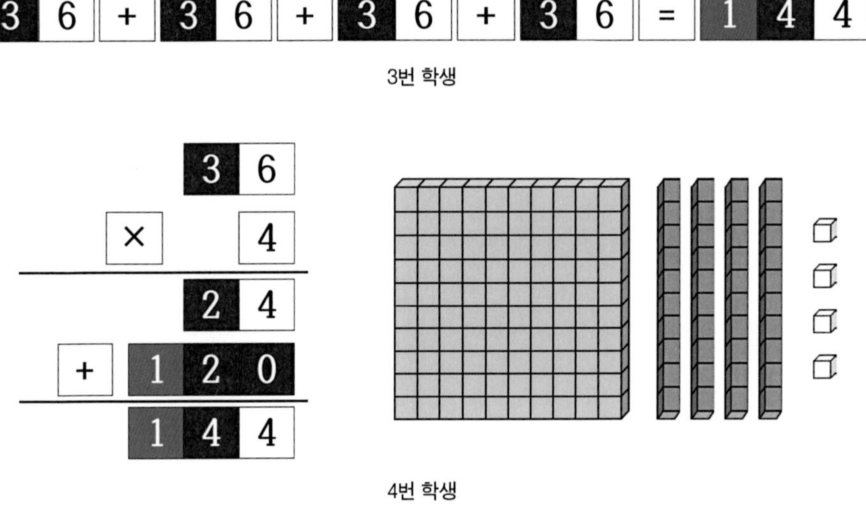


## 사. 성취기준별 활동 내용 (3학년 2학기)

| 학년 | 학기 | 단원 | 단원명 | 성취기준 |
|---|---|---|---|---|
| 3 | 2 | 1 | 곱셈 | [4수 01 - 05]<br>곱하는 수가 한 자리 수 또는 두 자리 수인 곱셈의 계산 원리를 이해하고 그 계산을 할 수 있다. |
| | | | | [4수 01 - 06]<br>곱하는 수가 한 자리 수 또는 두 자리 수인 곱셈에서 계산 결과를 어림할 수 있다. |

### 1) (세 자리 수) × (한 자리 수) 1 (교과서 12~13쪽)

가) 활동 내용

1. '123 × 3' 1번 보드판에 쓰고 4번 학생에게 어림 계산하여 답변하게 한다.
2. 동전 모형 123, 3묶음을 2번 보드판에 놓는다.
3. '123 + 123 + 123 = 369' 덧셈식을 3번 보드판에 완성한다.
4. '123 × 3 = 369' 곱셈식을 세로셈으로 완성하고 어림 계산과 비교한다.

나) 활동 결과

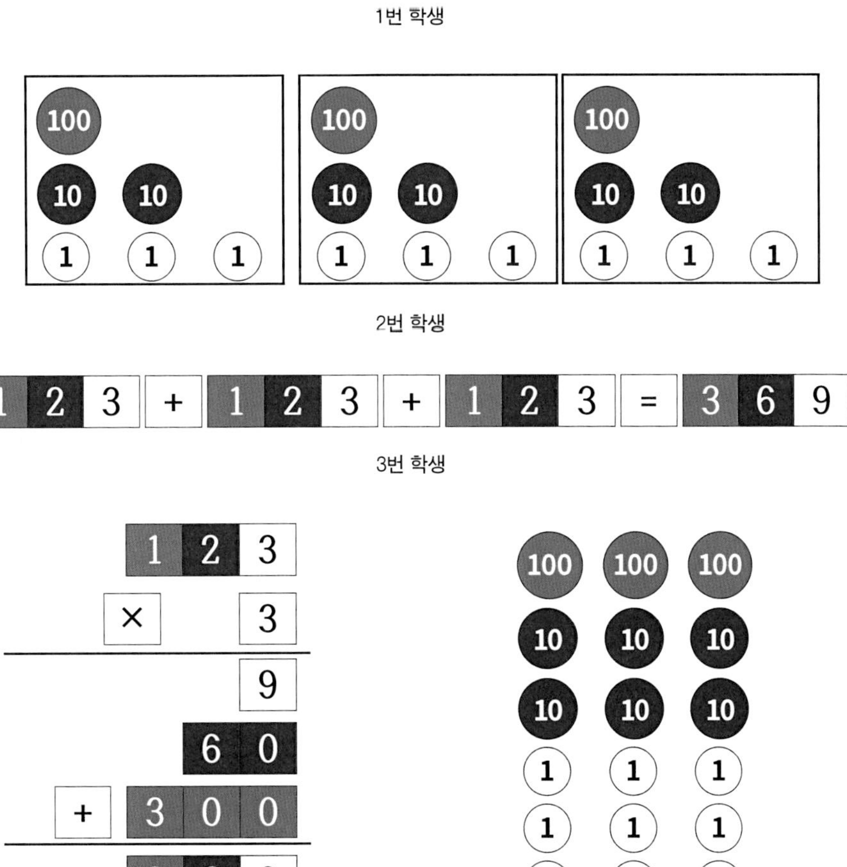


## 2) (세 자리 수) × (한 자리 수) 2 (교과서 14~15쪽)

가) 활동 내용

❶ '213 × 4' 1번 보드판에 쓰고 4번 학생에게 어림 계산하여 답변하게 한다.

❷ 동전 모형 213, 4묶음을 2번 보드판에 놓는다.

❸ '213 + 213 + 213 + 213 = 852' 덧셈식을 3번 보드판에 완성한다.

❹ '213 × 4 = 852' 곱셈식을 세로셈으로 완성하고 어림 계산과 비교한다.

나) 활동 결과

1번 학생

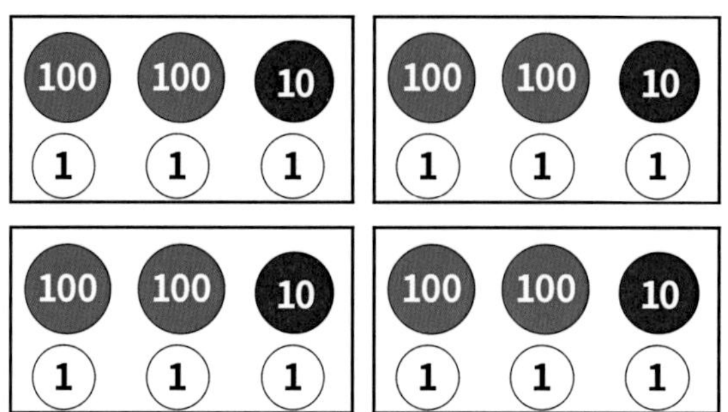


2번 학생

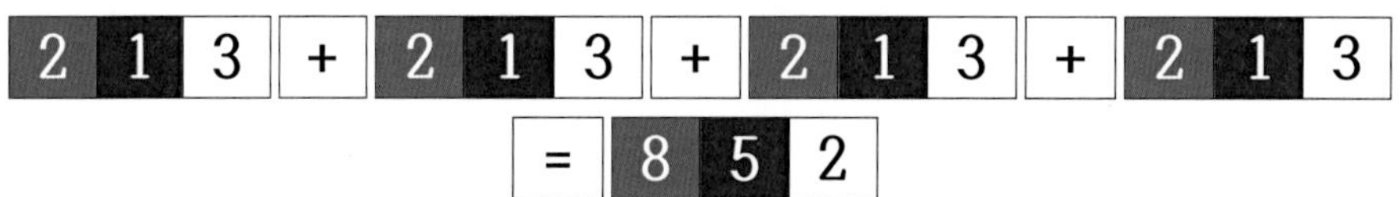


3번 학생

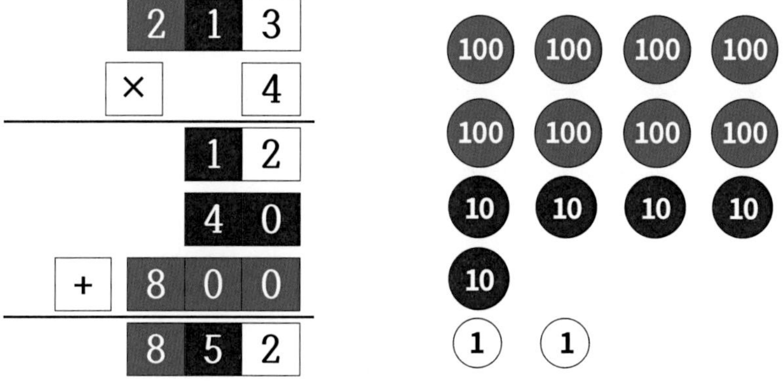


4번 학생

## 3) (세 자리 수) × (한 자리 수) 3 (교과서 16~17쪽)

가) 활동 내용

❶ '231 × 7' 1번 보드판에 쓰고 4번 학생에게 어림 계산하여 답변하게 한다.

❷ 동전 모형 231, 7묶음을 2번 보드판에 놓는다.

❸ '231 + 231 + 231 + 231 + 231 + 231 + 231 = 1,617' 덧셈식을 3번 보드판에 완성한다.

❹ '231 × 7 = 1,617' 곱셈식을 세로셈으로 완성하고 어림 계산과 비교한다.

나)활동 결과

1번 학생

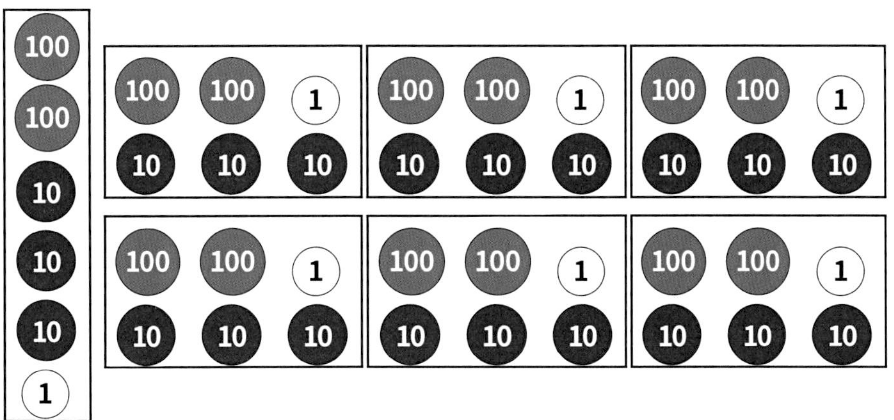


2번 학생

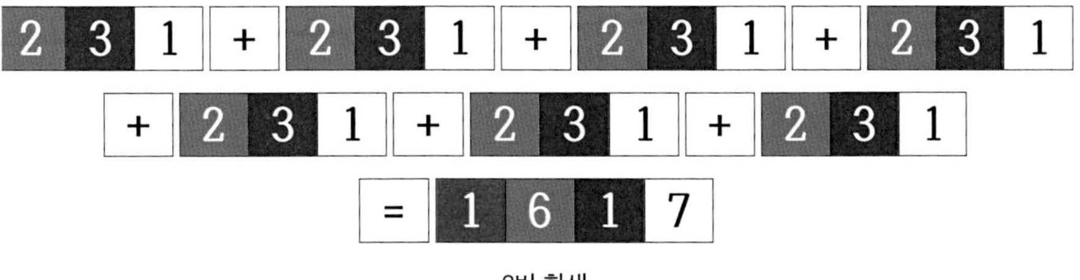


3번 학생

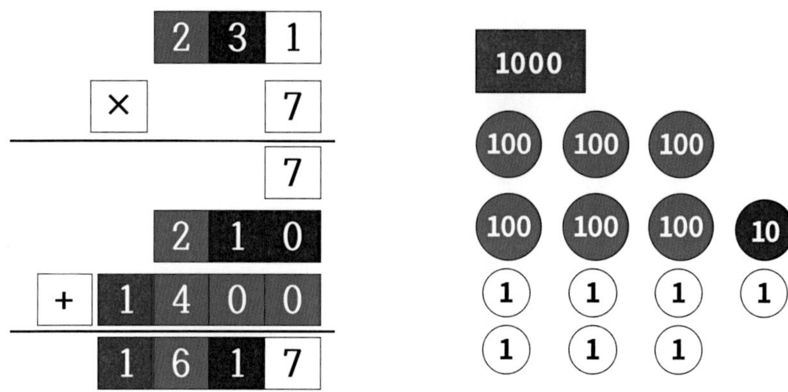


4번학생

## 4) (두 자리 수) × (두 자리 수) 1 (교과서 20쪽)

가) 활동 내용

❶ '20 × 30' 1번 보드판에 쓰고 4번 학생에게 어림 계산하여 답변하게 한다.

❷ 동전 모형 10원 2개씩 30묶음을 2번 보드판에 놓는다.

❸ '200 + 200 + 200 = 600 (20 + 20 + …… + 20 = 600)' 덧셈식을 3번 보드판에 완성한다.

❹ '20 × 30 = 600'의 곱셈식을 세로셈으로 완성하고 어림 계산과 비교한다.

나) 활동 결과

1번 학생

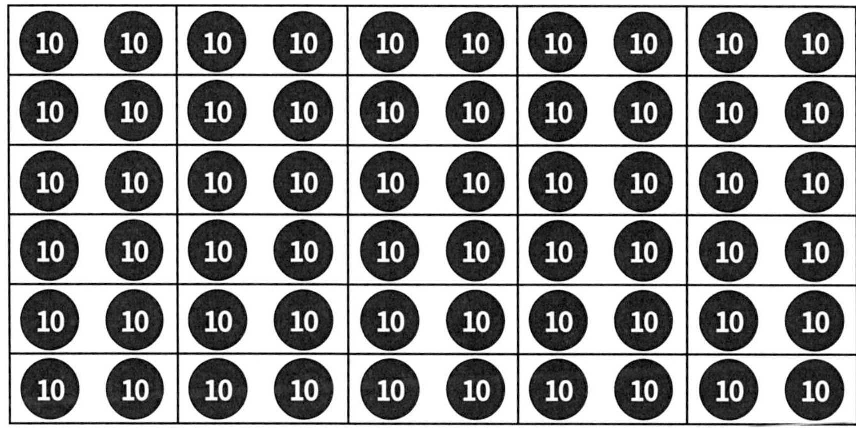

2번 학생

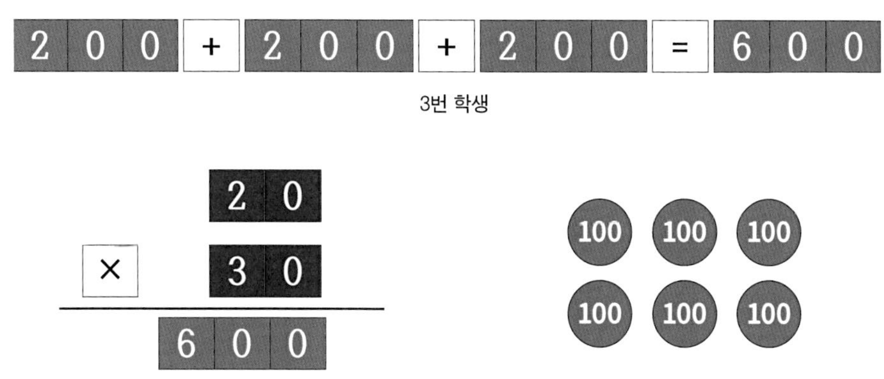


4번 학생

## 5) (두 자리 수) × (두 자리 수) 2 (교과서 21쪽)

가) 활동 내용

❶ '12 × 20' 1번 보드판에 쓰고 4번 학생에게 어림 계산하여 답변하게 한다.

❷ 동전 모형 12 20묶음을 2번 보드판에 놓는다.

❸ '120 + 120 = 240 (12 + 12 + …… + 12 = 240)'의 덧셈식을 3번 보드판에 완성한다.

❹ '12 × 20 = 240'의 곱셈식을 세로셈으로 완성하고 어림 계산과 비교한다.

나) 활동 결과

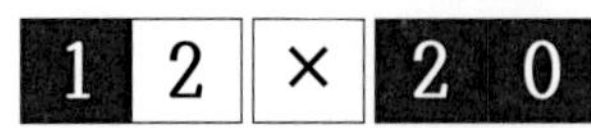


1번 학생

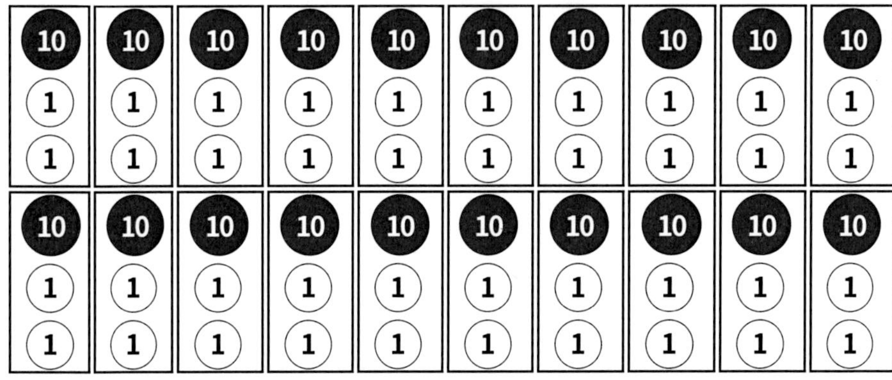

2번 학생

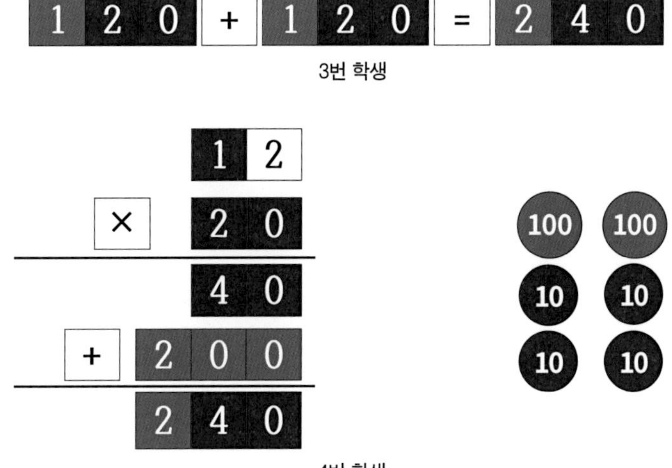


3번 학생

4번 학생

## 6) (한 자리 수) × (두 자리 수) (교과서 22~23쪽)

가) 활동 내용

❶ '6 × 14' 1번 보드판에 쓰고 4번 학생에게 어림 계산하여 답변하게 한다.

❷ 동전 모형 14를 6묶음으로 2번 보드판에 놓는다.

❸ '14 + 14 + 14 + 14 + 14 + 14 = 84' 덧셈식을 3번 보드판에 완성한다.

❹ '6 × 14 = 84' 곱셈식을 세로셈으로 완성하고 어림 계산과 비교한다.

나) 활동 결과

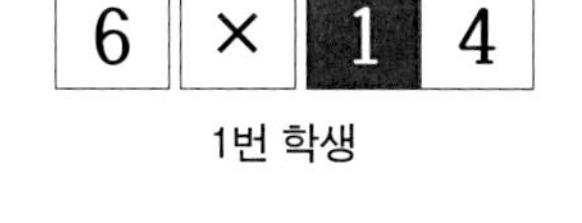


1번 학생

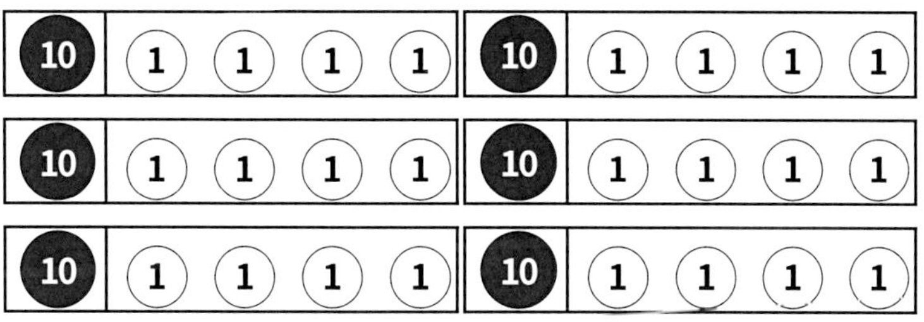


2번 학생

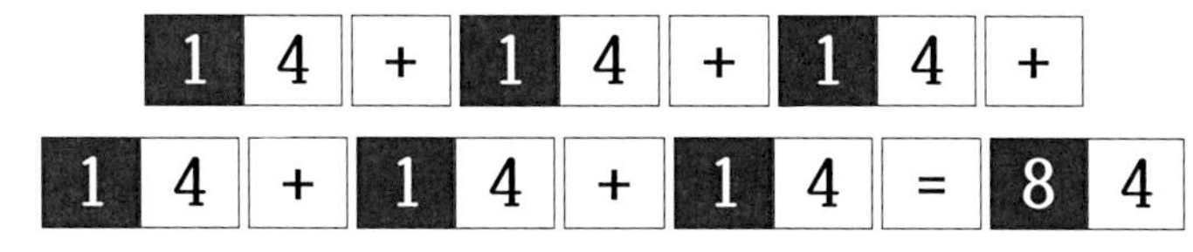


3번 학생

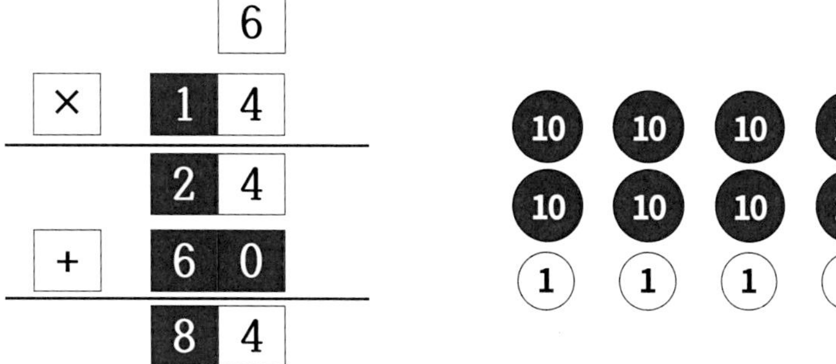


4번 학생

## 7) (두 자리 수) × (두 자리 수) 3 (교과서 24~25쪽)

가) 활동 내용

❶ '23 × 12' 1번 보드판에 쓰고 4번 학생에게 어림 계산하여 답변하게 한다.

❷ 동전 모형 23을 2묶음, 230을 1묶음으로 2번 보드판에 놓는다.

❸ '23 + 23 + 230 = 276' 덧셈식을 3번 보드판에 완성한다.

❹ '23 × 12 = 276' 곱셈식을 세로셈으로 완성하고 어림 계산과 비교한다.

나) 활동 결과

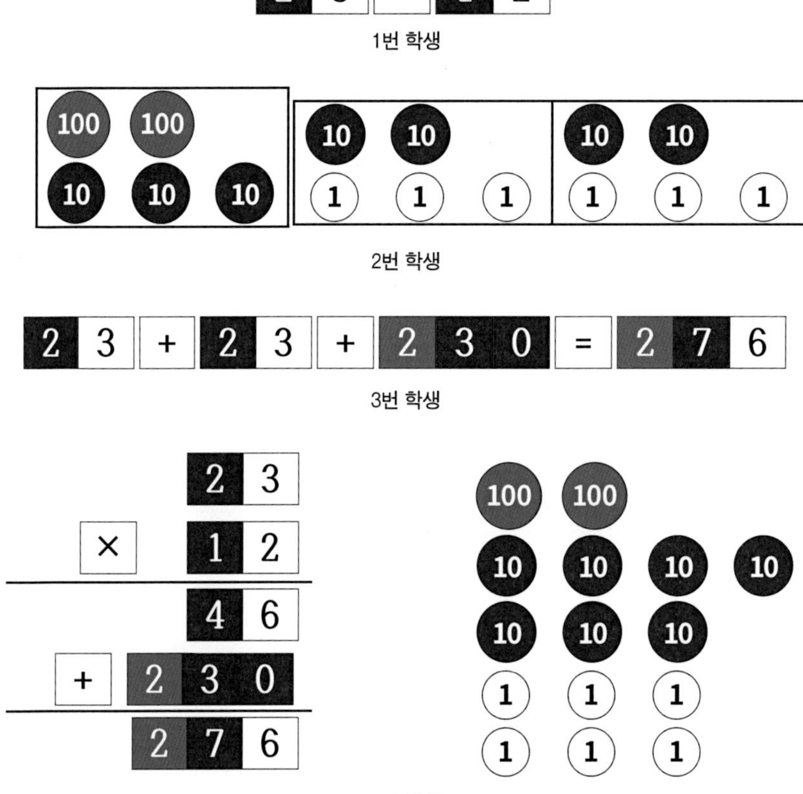

1번 학생

2번 학생

3번 학생

4번 학생

## 8) (두 자리 수) × (두 자리 수) 4 (교과서 26쪽)

가) 활동 내용

❶ '26 × 13' 1번 보드판에 쓰고 4번 학생에게 어림 계산하여 답변하게 한다.

❷ 동전 모형 26을 3묶음, 260 1묶음을 2번 보드판에 놓는다.

❸ '26 + 26 + 26 + 260 = 338'의 덧셈식을 3번 보드판에 완성한다.

❹ '26 × 13 = 338'의 곱셈식을 세로셈으로 완성하고 어림 계산과 비교한다.

나) 활동 결과

1번 학생

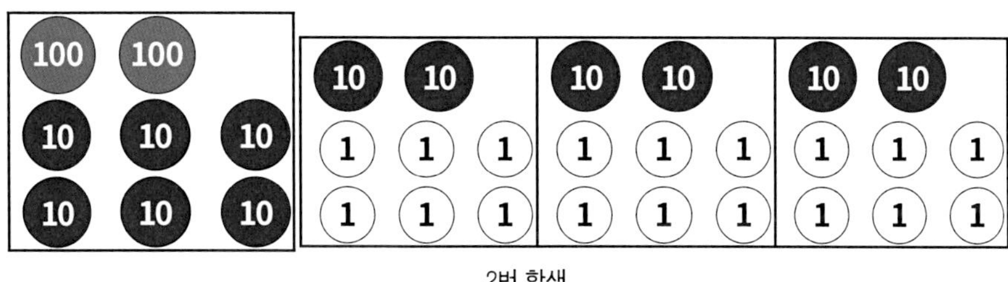


2번 학생

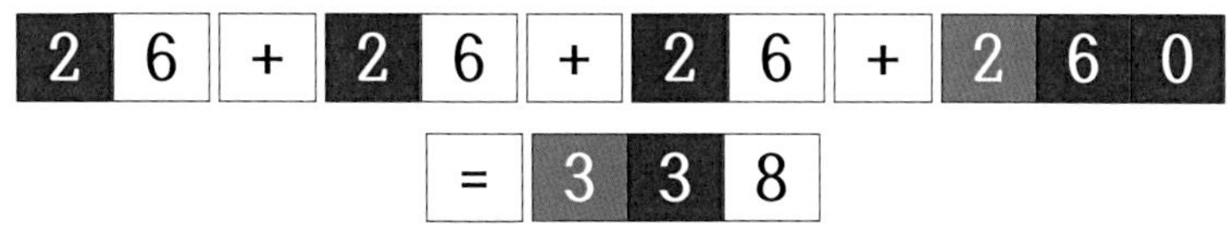


3번 학생

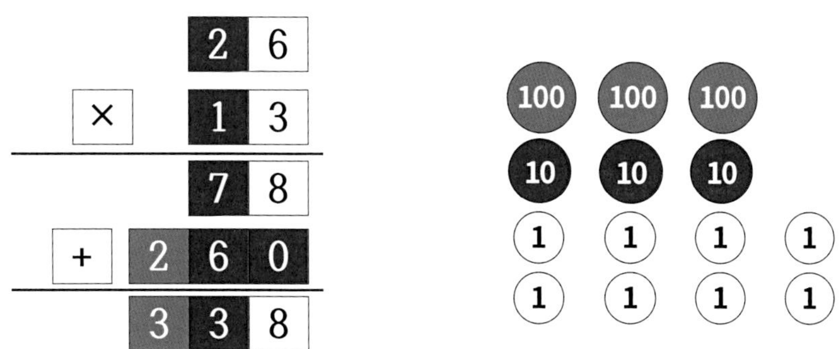


4번 학생

## 9) (두 자리 수) × (두 자리 수) 5 (교과서 27쪽)

가) 활동 내용

❶ '57 × 23' 1번 보드판에 쓰고 4번 학생에게 어림 계산하여 답변하게 한다.

❷ 동전 모형 57을 3묶음, 570 2묶음을 2번 보드판에 놓는다.

❸ '57 + 57 + 57 + 570 + 570 = 1,311' 덧셈식을 3번 보드판에 완성한다.

❹ '57 × 23 = 1,311' 곱셈식을 세로셈으로 완성하고 어림 계산과 비교한다.

나) 활동 결과

1번 학생

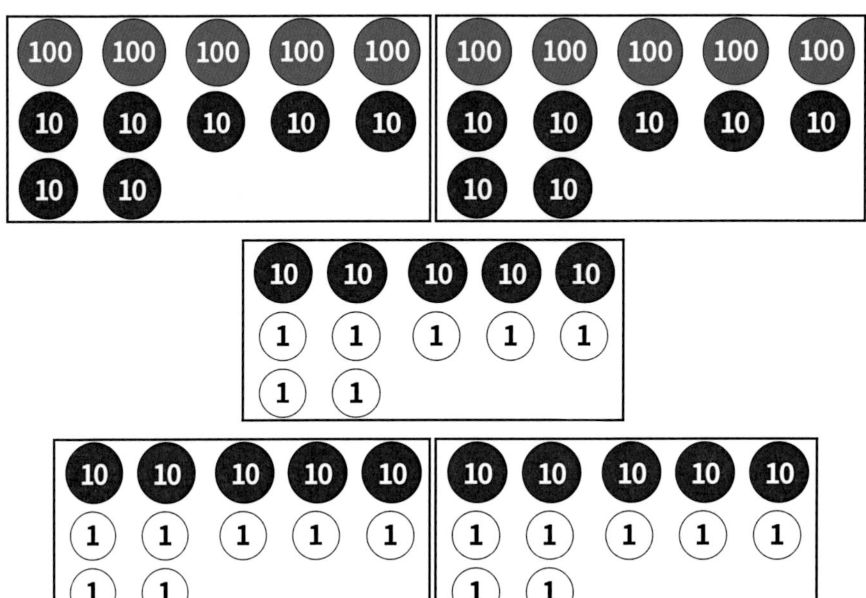


2번 학생

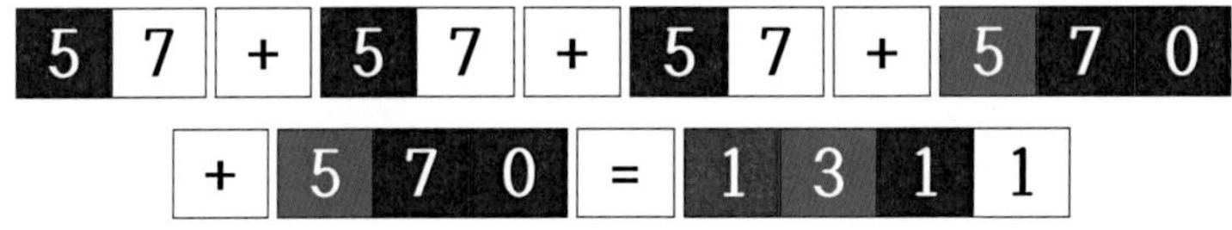


3번 학생

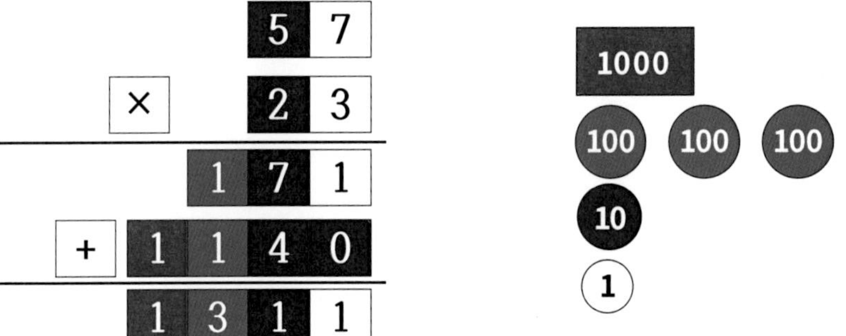


4번 학생

## 아. 성취기준별 활동 내용 (4학년 1학기)

| 학년 | 학기 | 단원 | 단원명 | 성취기준 |
|---|---|---|---|---|
| 4 | 1 | 3 | 곱셈과 나눗셈 | [4수 01 - 05]<br>곱하는 수가 한 자리 수 또는 두 자리 수인 곱셈의 계산 원리를 이해하고 그 계산을 할 수 있다. |
| | | | | [4수 01 - 06]<br>곱하는 수가 한 자리 수 또는 두 자리 수인 곱셈에서 계산 결과를 어림할 수 있다. |

### 1) (세 자리 수) × (몇십) (교과서 60~61쪽)

#### 가) 활동 내용

❶ '241 × 20' 1번 보드판에 쓰고 4번 학생에게 어림 계산하여 답변하게 한다.

❷ 지폐 및 동전 모형 2,410 2묶음을 2번 보드판에 놓는다.

❸ '2,410 + 2,410 = 4,820' 덧셈식을 3번 보드판에 완성한다.

❹ '241 × 20 = 4,820' 곱셈식을 세로셈으로 완성하고 어림 계산과 비교한다.

#### 나) 활동 결과

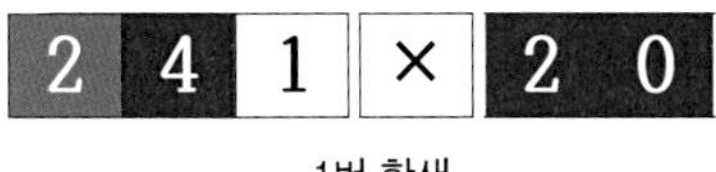


1번 학생

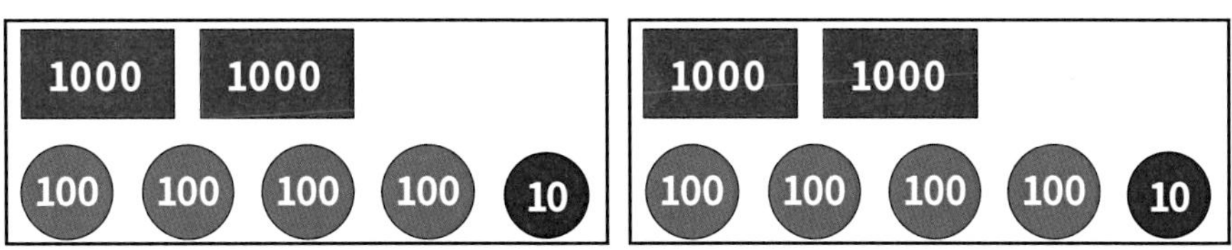


2번 학생

3번 학생

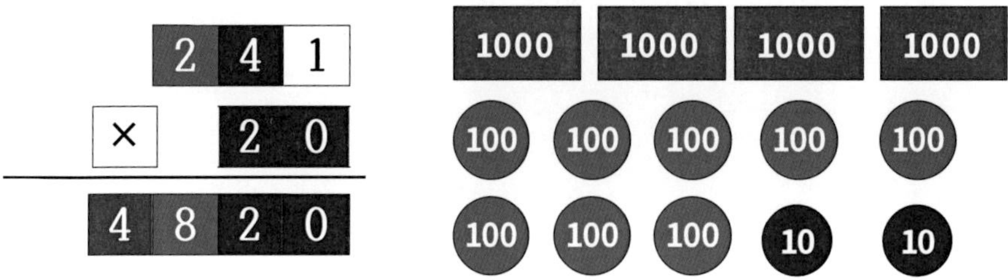

4번 학생

## 2) (세 자리 수) × (두 자리 수) 1 (교과서 62~63쪽)

### 가) 활동 내용

❶ '110 × 26' 1번 보드판에 쓰고 4번 학생에게 어림 계산하여 답변하게 한다.

❷ 지폐 및 동전 모형 110을 6묶음, 1,100을 2묶음을 2번 보드판에 놓는다.

❸ '110 + 110 + 110 + 110 + 110 + 110 + 1,100 + 1,100 = 2,860' 덧셈식을 3번 보드판에 완성한다.

❹ '110 × 26 = 2,860' 곱셈식을 세로셈으로 완성하고 어림 계산과 비교한다.

### 나) 활동 결과

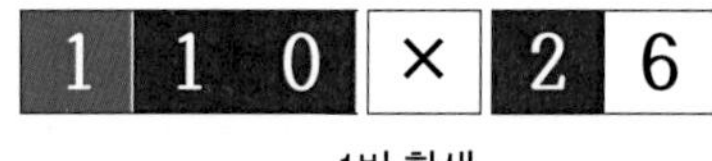

1번 학생

2번 학생

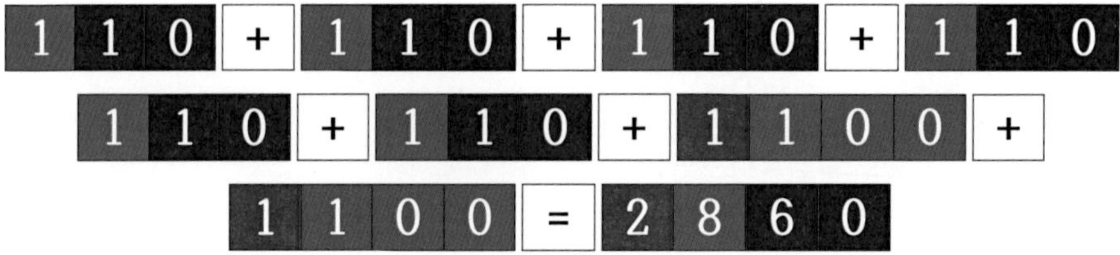

3번 학생

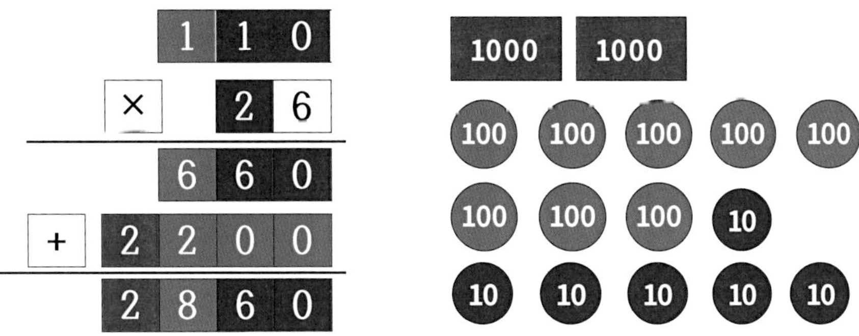


4번 학생

### 3) (세 자리 수) × (두 자리 수) 2 (교과서 64~65쪽)

가) 활동 내용

❶ '205 × 31' 1번 보드판에 쓰고 4번 학생에게 어림 계산하여 답변하게 한다.
❷ 지폐 및 동전 모형 205 1묶음, 2,050 3묶음을 2번 보드판에 놓는다.
❸ '205 + 2,050 + 2,050 + 2,050 = 6,355' 덧셈식을 3번 보드판에 완성한다.
❹ '205 × 31 = 6,355' 곱셈식을 세로셈으로 완성하고 어림 계산과 비교한다.

나) 활동 결과

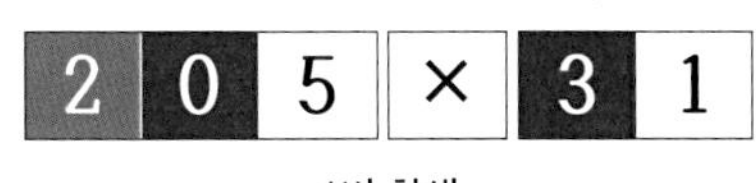


1번 학생

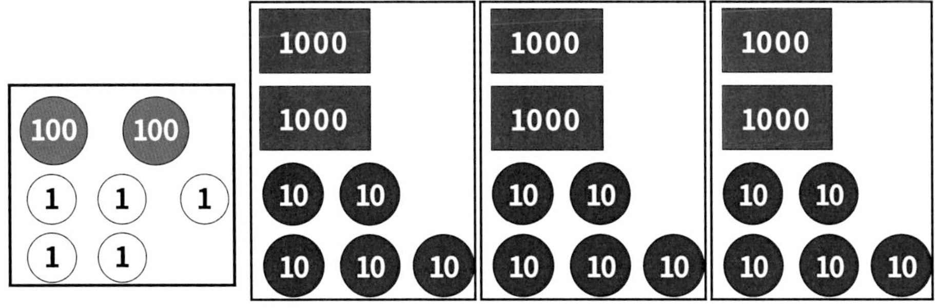


2번 학생

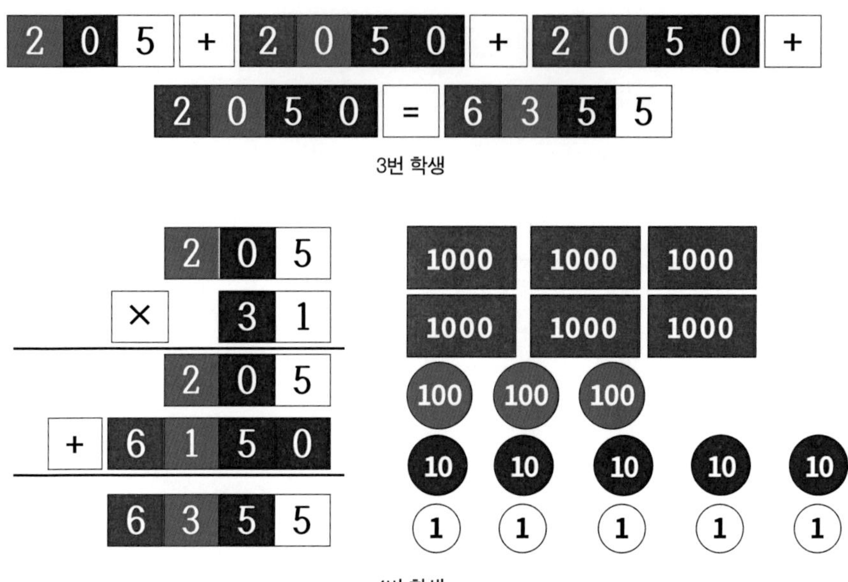


3번 학생

4번 학생

## 자. 성취기준별 활동 내용 (3학년 1학기)

| 학년 | 학기 | 단원 | 단원명 | 성취기준 |
|---|---|---|---|---|
| 3 | 1 | 3 | 나눗셈 | [4수 01 - 07]<br>나눗셈이 이루어지는 실생활 상황을 통하여 나눗셈의 의미를 알고, 곱셈과 나눗셈의 관계를 이해한다. |
| | | | | [4수 01 - 08]<br>나누는 수가 한 자리 수인 나눗셈의 계산 원리를 이해하고 그 계산을 할 수 있으며, 나눗셈에서 몫과 나머지의 의미를 안다. |

### 1) 나눗셈 알아보기 (교과서 54~55쪽)

가) 활동 내용

❶ '10 ÷ 2' 1번 보드판에 쓴다.

❷ 수모형 10개를 2개씩 묶어 2번 보드판에 놓는다.

❸ 2번 학생 활동을 보며 뺄셈식을 완성한다.

❹ '10 ÷ 2 = 5'의 나눗셈식을 완성한다.

나) 활동 결과

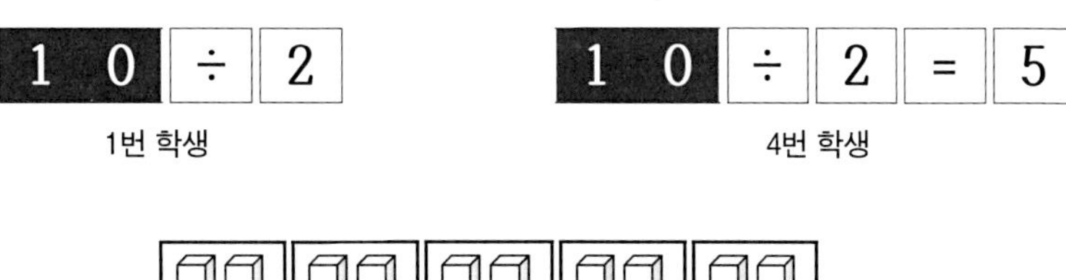


1번 학생　　　　4번 학생

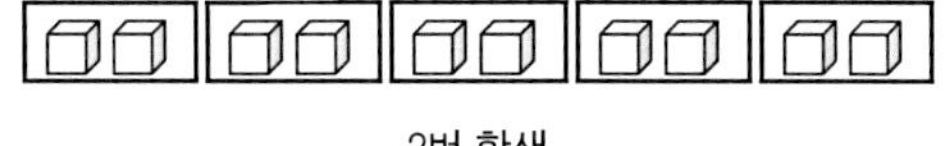

2번 학생

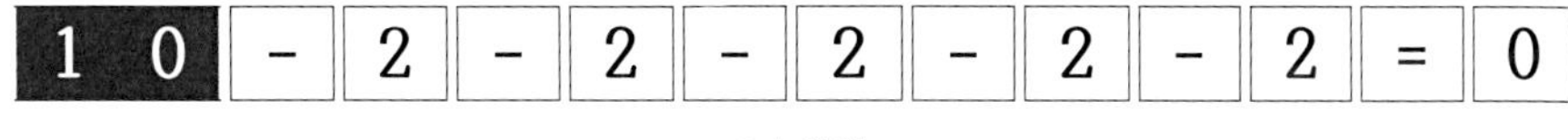


3번 학생

## 2) 똑같이 나누어 보기 (교과서 56~59쪽)

가) 활동 내용

1. '12 ÷ 3' 1번 보드판에 쓴다.
2. 수모형 12개를 3개씩 묶어 2번 보드판에 놓는다.
3. 2번 학생 활동을 보며 뺄셈식을 완성한다.
4. '12 ÷ 3 = 4' 나눗셈식을 완성한다.

나) 활동 결과

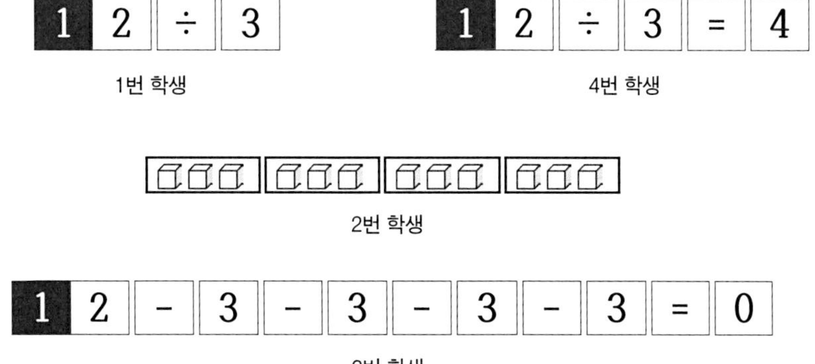


1번 학생　　　　4번 학생

2번 학생

3번 학생

### 3) 곱셈과 나눗셈의 관계 (교과서 60~61쪽)

가) 활동 내용

❶ '12 ÷ 3'과 수모형 12개를 2번, 3번 보드판에 놓는다.

❷ 수모형 12개를 3개씩 묶어 2번 보드판에 놓는다.

❸ 수모형 12개를 4개씩 묶어 3번 보드판에 놓는다.

❹ 2번, 3번이 묶은 수모형으로 곱셈식과 나눗셈식을 완성한다.

나) 활동 결과

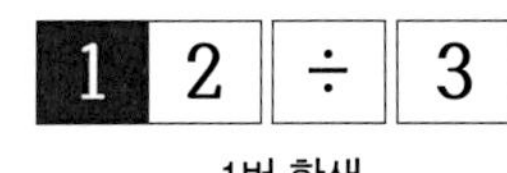


1번 학생

2번 학생

3번 학생

12 ÷ 3 = 4　　4 × 3 = 12

12 ÷ 4 = 3　　3 × 4 = 12

4번 학생

## 차. 성취기준별 활동 내용 (3학년 2학기)

| 학년 | 학기 | 단원 | 단원명 | 성취기준 |
|---|---|---|---|---|
| 3 | 2 | 3 | 나눗셈 | [4수 01 - 07]<br>나눗셈이 이루어지는 실생활 상황을 통하여 나눗셈의 의미를 알고, 곱셈과 나눗셈의 관계를 이해한다. |
| | | | | [4수 01 - 08]<br>나누는 수가 한 자리 수인 나눗셈의 계산 원리를 이해하고 그 계산을 할 수 있으며, 나눗셈에서 몫과 나머지의 의미를 안다 |

### 1) (두 자리 수) ÷ (한 자리 수) 1 (교과서 62~63쪽)

가) 활동 내용

❶ '60 ÷ 3' 1번 보드판에 쓴다.
❷ 동전 모형 60을 3개로 묶는다
❸ 2번 학생 활동을 보며 뺄셈식을 완성한다.
❹ '60 ÷ 3 = 20' 나눗셈식을 완성한다.

나) 활동 결과

### 2) (두 자리 수) ÷ (한 자리 수) 2 (교과서 64~65쪽)

가) 활동 내용

❶ '36 ÷ 3' 1번 보드판에 쓴다.
❷ 동전 모형 36을 3개로 묶어 2번 보드판에 놓는다.
❸ 2번 학생 활동을 보며 뺄셈식을 완성한다.
❹ '36 ÷ 3 = 12' 나눗셈식을 완성한다.

나) 활동 결과

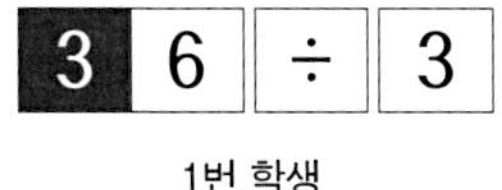


1번 학생

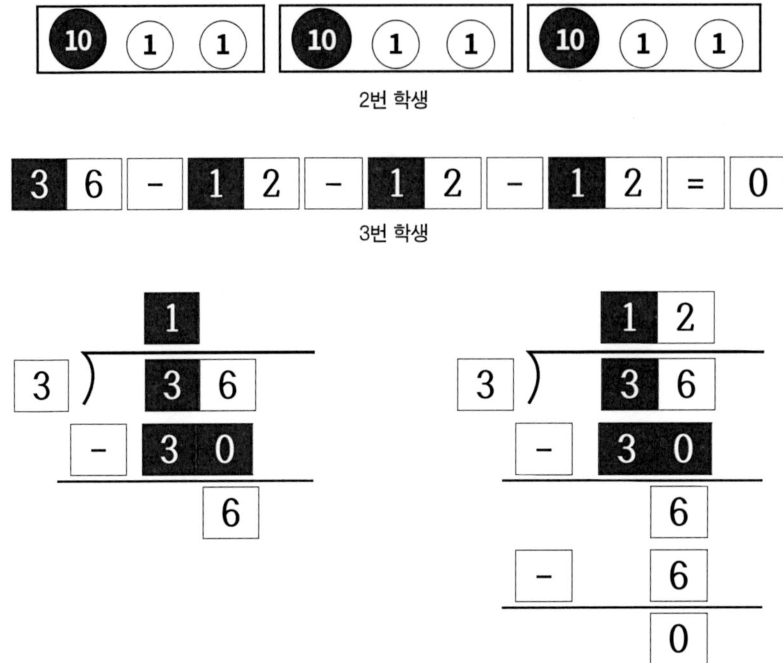

2번 학생

3번 학생

4번 학생

## 3) (두 자리 수) ÷ (한 자리 수) 3 (교과서 66~67쪽)

### 가) 활동 내용

❶ '42 ÷ 3'과 동전 모형 42개를 1번 보드판에 놓는다.
❷ 동전모형 10원 1개를 1원 10개로 교환하여 3묶음을 2번 보드판에 놓는다.
❸ 2번 학생 활동을 보며 뺄셈식을 완성한다.
❹ '42 ÷ 3 = 14' 나눗셈식을 완성한다.

### 나) 활동 결과

1번 학생

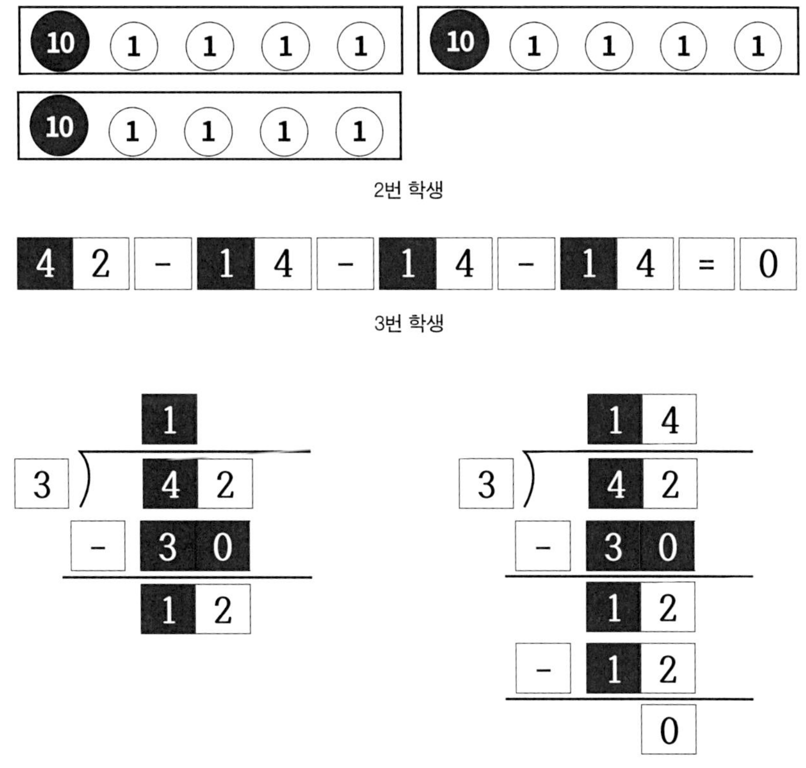

2번 학생

3번 학생

4번 학생

### 4) 나머지가 있는 (두 자리 수) ÷ (한 자리수) (교과서 68~69쪽)

가) 활동 내용

❶ '14 ÷ 4'와 동전 모형 14개를 1번 보드판에 놓는다.

❷ 동전모형 10원 1개를 1원 10개로 교환하여 4개 묶음을 2번 보드판에 놓는다.

❸ 2번 학생 활동을 보며 뺄셈식을 완성한다.

❹ '14 ÷ 4 = 3 (…2)' 나눗셈식을 완성한다.

나) 활동 결과

1번 학생

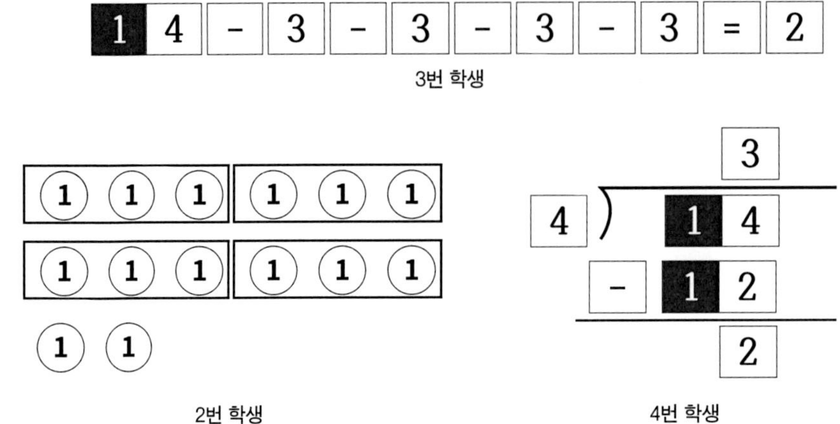


3번 학생

2번 학생

4번 학생

## 5) (세 자리 수) ÷ (한 자리 수) (교과서 74~75쪽)

가) 활동 내용

❶ '248 ÷ 2' 1번 보드판에 쓴다.
❷ 동전 모형 248을 2묶음으로 하여 2번 보드판에 놓는다.
❸ 2번 학생 활동을 보며 뺄셈식을 완성한다.
❹ '248 ÷ 2 = 124' 나눗셈식을 완성한다.

나) 활동 결과

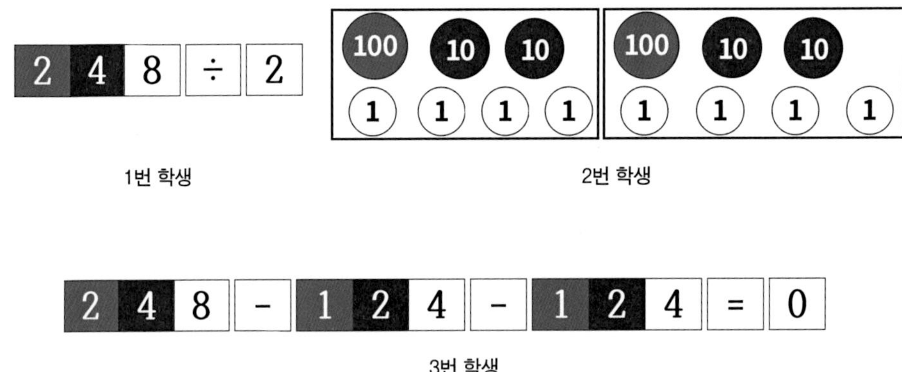


1번 학생

2번 학생

3번 학생

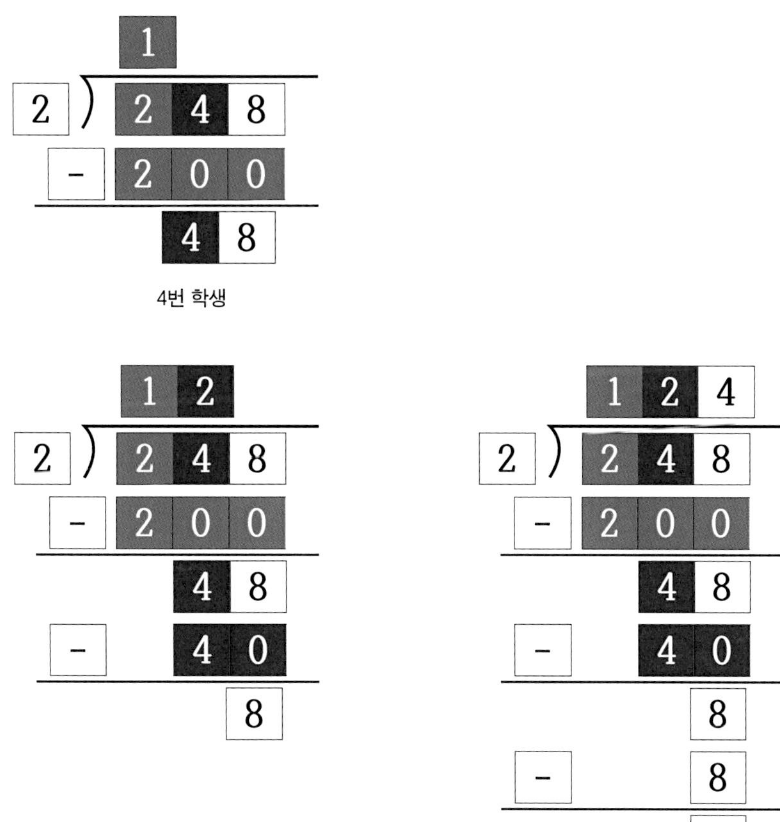


4번 학생



4번 학생

## 6) 나머지가 있는 (세 자리 수) ÷ (한 자리 수) (교과서 76~77쪽)

가) 활동 내용

❶ '365 ÷ 3' 1번 보드판에 쓴다.

❷ 동전 모형 365을 3묶음으로 하여 2번 보드판에 놓는다.

❸ 2번 학생 활동을 보며 뺄셈식을 완성한다.

❹ '365 ÷ 3 = 121 (⋯2)' 나눗셈식을 완성한다.

나) 활동 결과

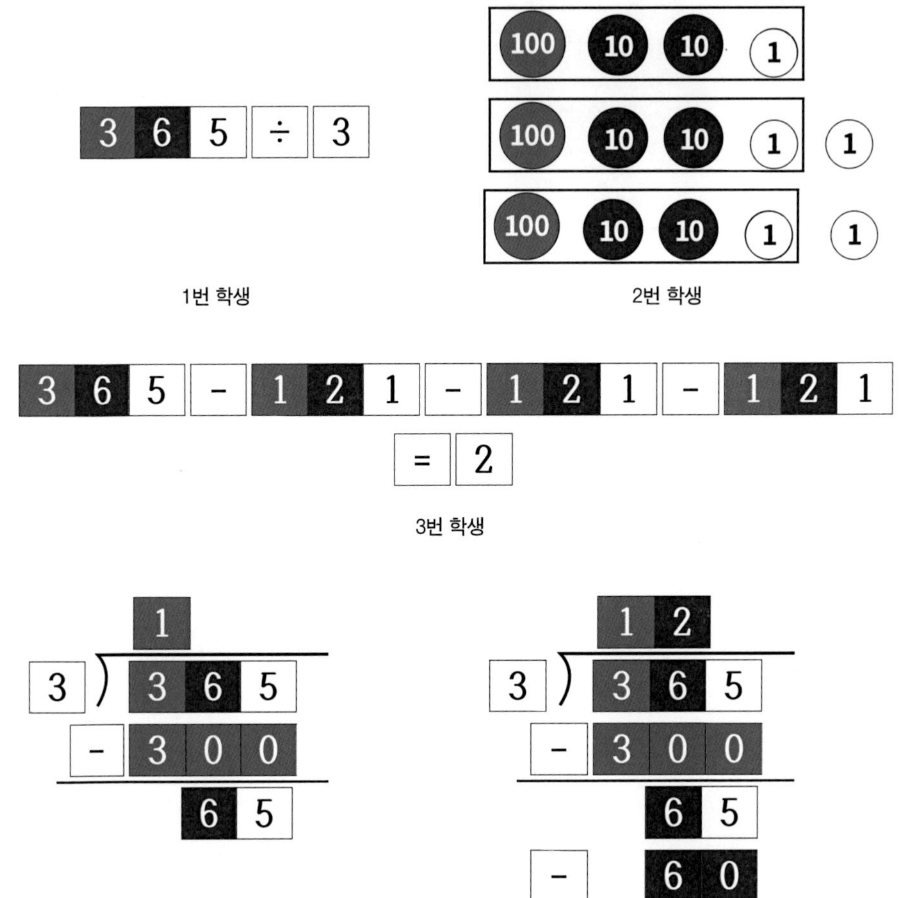


1번 학생

2번 학생

3번 학생

4번 학생

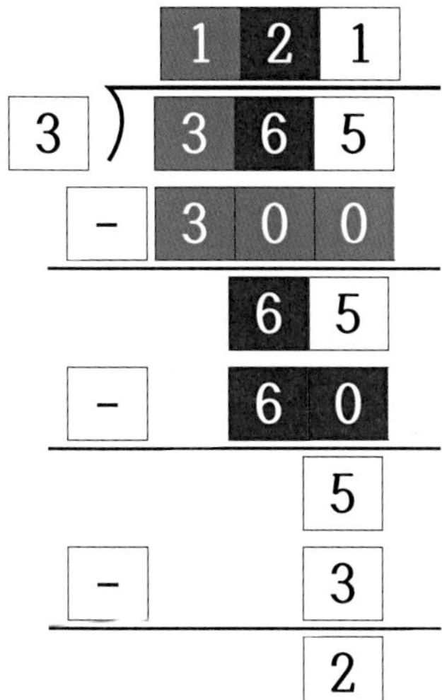


4번 학생

### 7) 계산이 맞는지 확인하기 (교과서 78~79쪽)

가) 활동 내용

❶ '48 ÷ 4 계산을 곱셈과 나눗셈으로 확인한다.' 1번 보드판에 쓴다.
❷ 동전 모형 48을 4묶음으로 만들어 2번 보드판에 놓는다.
❸ 2번 학생 활동을 보며 뺄셈식을 완성하고 덧셈으로 계산이 맞는지 확인한다
❹ '48 ÷ 4 = 12' 나눗셈식을 완성하고 곱셈으로 계산이 맞는지 확인한다.

나) 활동 결과

4 8 ÷ 4 계산을 곱셈과 나눗셈으로 확인한다.

1번 학생

2번 학생

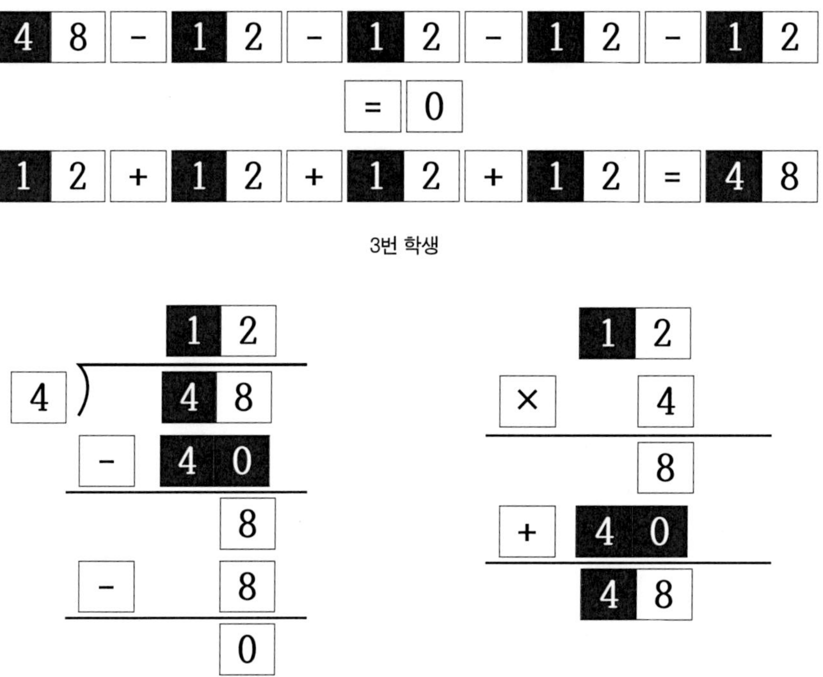

3번 학생

4번 학생

## 카. 성취기준별 활동 내용 (4학년 1학기)

| 학년 | 학기 | 단원 | 단원명 | 성취기준 |
|---|---|---|---|---|
| 4 | 1 | 3 | 곱셈과 나눗셈 | [4수 01 - 07]<br>나눗셈이 이루어지는 실생활 상황을 통하여 나눗셈의 의미를 알고, 곱셈과 나눗셈의 관계를 이해한다. |
| | | | | [4수 01 - 09]<br>나누는 수가 두 자리 수인 나눗셈의 계산 원리를 이해하고 그 계산을 할 수 있다. |

## 1) (세 자리 수) ÷ (몇십) (교과서 66~67쪽)

### 가) 활동 내용

❶ '140 ÷ 20' 1번 보드판에 쓴다.

❷ 동전모형 140원을 20원씩 묶어 2번 보드판에 놓는다.

❸ 2번 학생 활동을 보며 뺄셈식을 완성한다.

❹ '140 ÷ 20 = 7' 나눗셈식을 완성한다.

### 나) 활동 결과

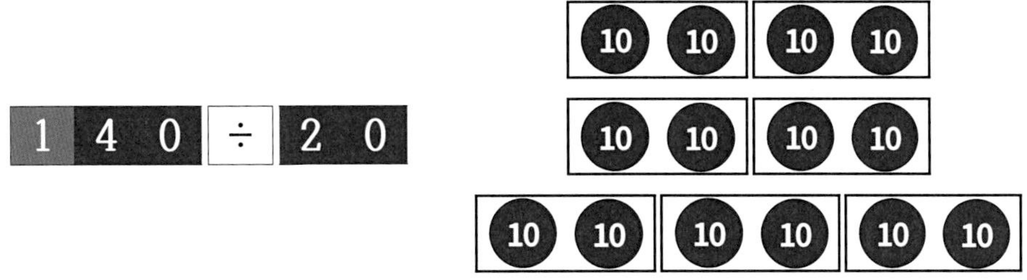


1번 학생

2번 학생

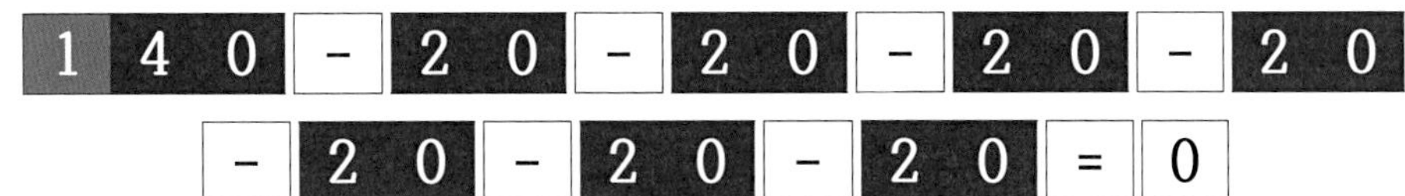


3번 학생

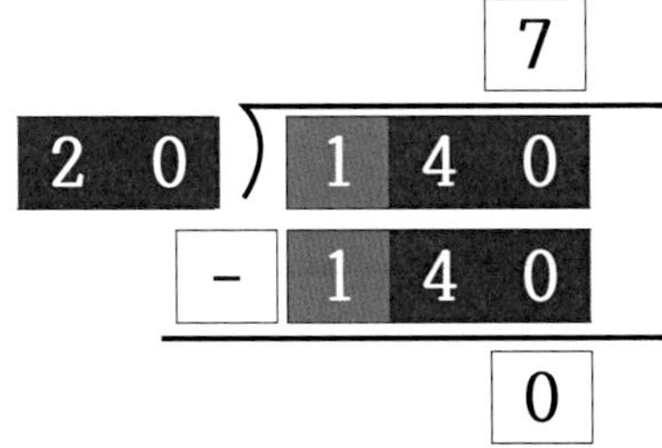


4번 학생

### 2) (두 자리 수) ÷ (두 자리 수) (교과서 68~69쪽)

#### 가) 활동 내용

❶ '60 ÷ 15'와 동전 모형 60개를 1번 보드판에 놓는다.

❷ 동전모형 10원 2개를 1원 20개로 교환하여 15개씩 묶어 2번 보드판에 놓는다.

❸ 2번 학생 활동을 보며 뺄셈식을 완성한다.

❹ '60 ÷ 15 = 4' 나눗셈식을 완성한다.

#### 나) 활동 결과

1번 학생

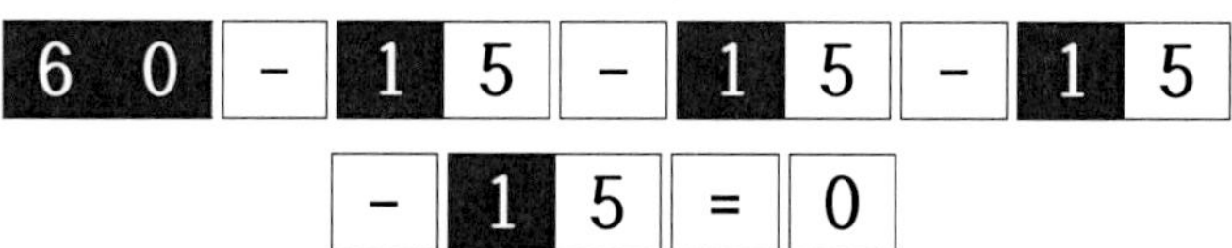


3번 학생

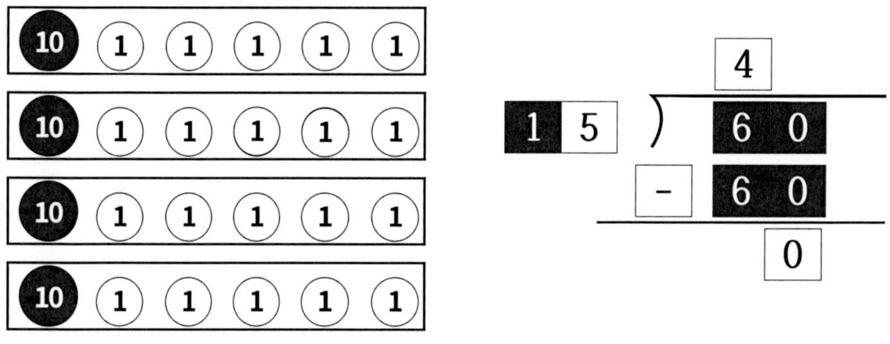


2번 학생 4번 학생

### 3) (세 자리 수) ÷ (두 자리 수) 1 (교과서 70~71쪽)

가) 활동 내용

❶ '525 ÷ 25' 1번 보드판에 쓴다.

❷ 25에 얼마를 곱해야 500이 되는지 어림하여 '25 × 20' 곱셈을 한다,

❸ 25에 얼마를 곱해야 25가 되는지 어림하여 '25 × 1' 곱셈을 한다.

❹ '525 ÷ 25 = 21' 나눗셈식을 완성하고 곱셈으로 확인한다.

나) 활동 결과

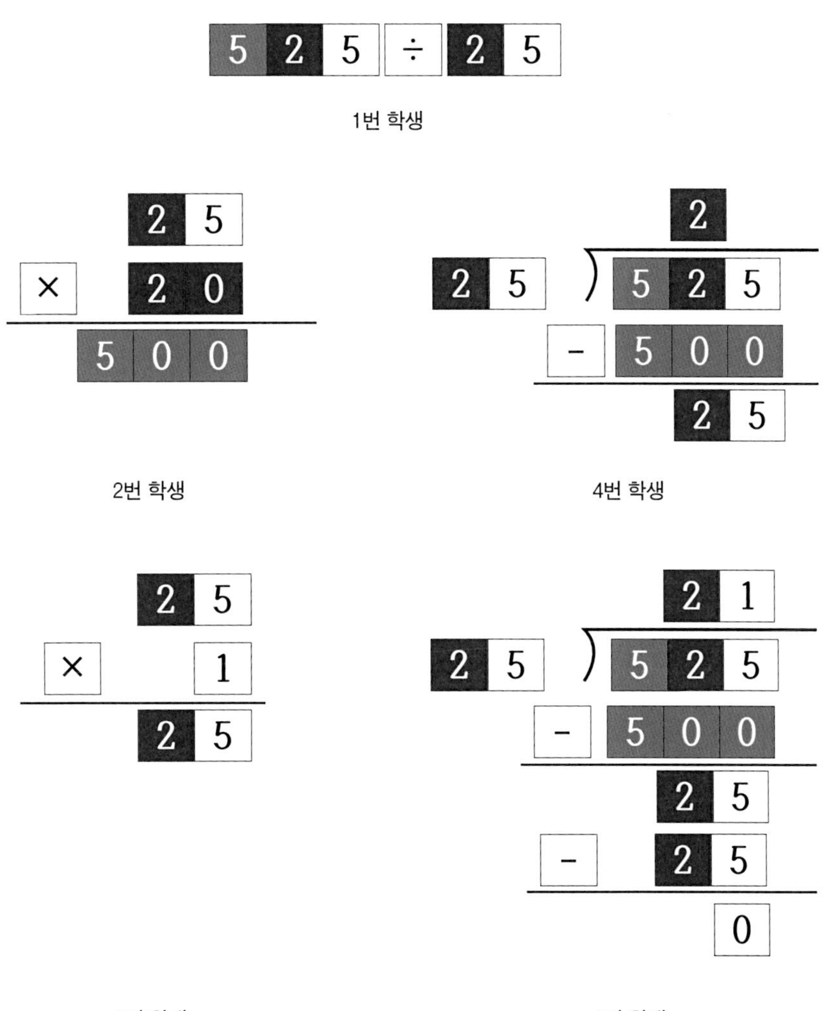

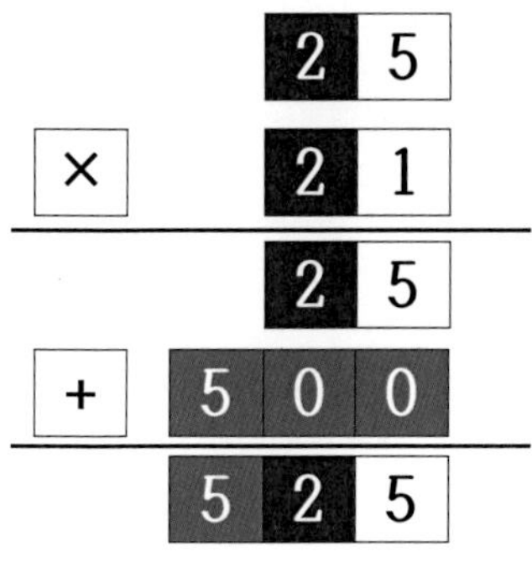

4번 학생

### 4) (세 자리 수) ÷ (두 자리 수) 2 (교과서 72~73쪽)

가) 활동 내용

1. '217 ÷ 13' 1번 보드판에 쓴다.
2. 13에 얼마를 곱해야 130이 되는지 어림하여 '13 × 10' 곱셈을 한다,
3. 13에 얼마를 곱해야 87가 되는지 어림하여 '13 × 6' 곱셈을 한다.
4. '217 ÷ 13 = 16 (…9)' 나눗셈식을 완성하고 곱셈으로 확인한다.

나) 활동 결과

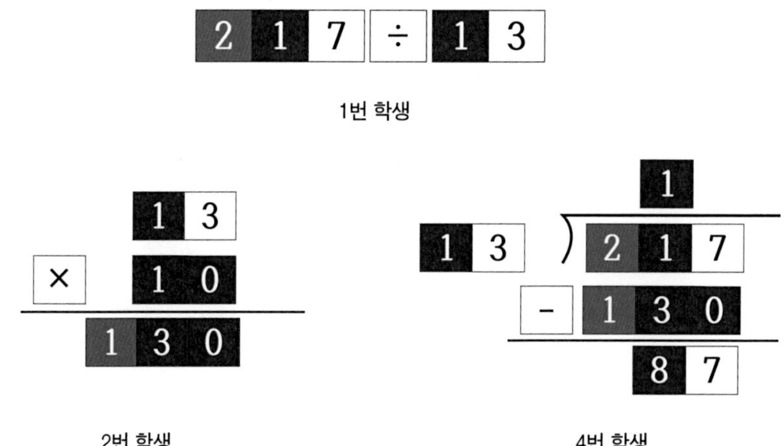

1번 학생

2번 학생

4번 학생

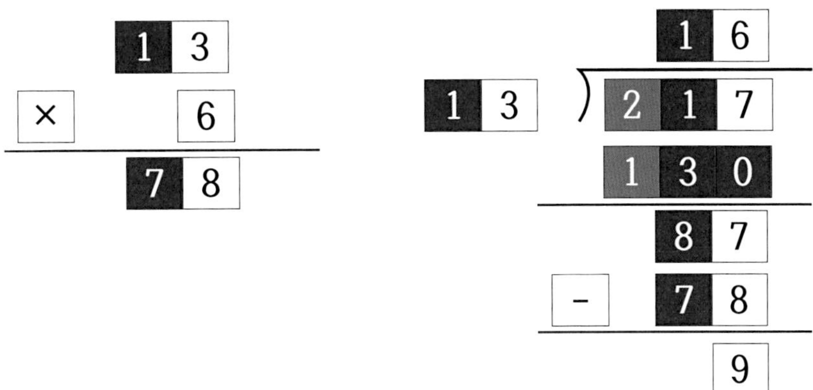


3번 학생

4번 학생

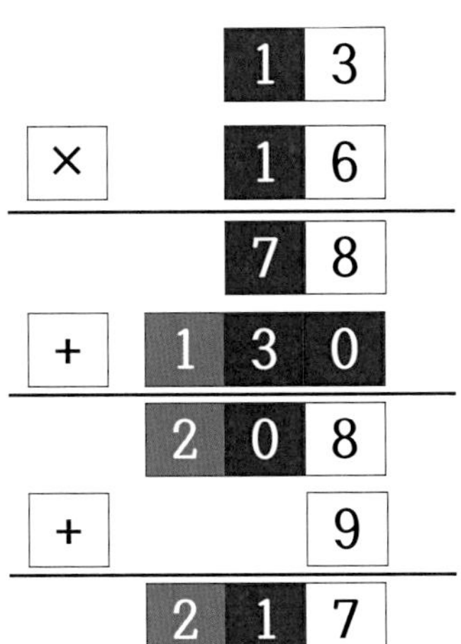


4번 학생

# 맺음말

이 책의 앞부분은 수 개념의 의미와 진단 도구에 대해 안내되어 있다. 학생이 수를 읽고 쓰는 데 있어 과연 수 개념이 확실하게 형성되어 있는지 몇 가지의 진단 도구로 확인해볼 수 있다.

실제로 실험해보면 개념 형성이 제대로 안 된 학생은 고개를 갸웃거리고 있는 것을 볼 수 있다. 이런 학생에게 4명이 함께 조작적 활동으로 수 개념 형성 학습을 하고 중간중간 진단 도구로 실험을 해 보면 개념 형성의 결과를 확인할 수 있다. 혼자 하는 학습활동보다 4명이 모둠활동으로 하면 다른 친구가 하는 활동을 보며 스스로 깨우칠 수도 있고 또래 학습이 가능해 인성교육에도 도움이 된다.

역할을 확실하게 부여하여 하나의 역할에 중점을 두고 다른 친구의 역할 수행하는 것을 보면서 새로운 개념을 확실하게 형성할 수 있다. 또한 역할을 서로 바꿔 가며 네 가지 역할을 모두 수행하면 반복학습으로 개념이 분명해진다.

또한 이 책는 초등학교 1학년에서부터 6학년까지 성취 수준별로 수 개념, 연산 개념에 대해 교과서를 기반으로 각각 한 가지 활동만을 실었는데 실제로 협력학습을 진행할 때는 여러 문제로 역할을 바꾸어 가며 활동하면 된다.

구체적 조작기에 있는 초등학생은 상징적인 수나 문자로 학습하는 것이 아니라 반드시 구체물인 수모형, 산가지, 수카드, 지폐 및 동전 모형 등의 조작활동으로 학습하여야 한다. 특히 분수 학습은 개념이 형성되어 있지 않으면 $\frac{1}{2}+\frac{1}{3}=\frac{1}{5}$의 오답을 쓰는 학생이 있는데 이 책에 제시된 분수 모형으로 학습한 학생은 그리 답하지 않음을 저자가 학교에서 학생들을 가르치면서 검증하였다.

이 책은 저자가 초등 교육계에서 38년 6개월 동안 담임교사, 연구교사, 장학사로 직접 지도하고, 연구하고, 수업 컨설팅을 하면서 알게 된 결과임을 밝힌다. 학교에서 수업 시간에 또는 가정에서 친구들과 함께 학습하면 반드시 효과를 볼 수 있음을 장담하는 바이다. 따라서 이 책을 활용하여 수학 학습에서 뛰어난 역량을 발휘하는 대한민국 학생들이 더 많이 배출되기를 간절히 바란다.